兄弟上場

走過 40 的黃潮歲月，你我一起的進取之路

周思齊——著

目錄

推薦文 關於兄弟的精采編年史／**文森說書** 6
推薦文 燃起老球迷心中的火炬／**何榮幸** 8
推薦文 周思齊無所不能／**吳家德** 10
推薦文 特別的球員，寫下偉大球隊的故事／**曾文誠** 12
推薦文 讓台灣棒球用更溫柔深刻的方式被看見／**微看球筆記** 14
推薦文 台灣需要兄弟史！／**蔡淇華** 16
推薦文 百萬象迷專屬的共同回憶／**謝文憲** 18
推薦文 他是我兄弟／**瞿友寧** 20
推薦文 記錄兄弟史的第一人／**體育大叔** 22
自序 關於我與兄弟 24

PART 1

兄弟本事

01 兄弟隊史最初回 28
02 沒有洪家，中職也許還得晚好幾年才會出現 34
03 兄弟龍潭棒球場 40
04 後無來者的金冠軍 46
05 第一次三連霸 53
06 球員的跳槽，曾讓象迷很傷心 60
07 職棒低潮中締造第二次三連霸 65
08 那些漏踩壘包的兄弟們 71
09 那些單場三響砲的兄弟們 76
10 為了小朋友買下兄弟象 81
11 七年六亞，換來安心亞 86
12 將你我圈在一起的象圈圈 92

PART 2

與兄弟一起的應援

13 再次朝三連霸邁進 97

14 帶動內野熱情的光輝組 104

15 最愛滿場的黃色彩帶 111

16 象迷最大組織之一——麻吉幫（M@CHI） 117

17 那些兄弟的球迷組織們 123

18 那些很兄弟的應援標語 129

19 來一起喊應援吧！ 138

20 黃澄澄的明星賽票選 146

21 熱鬧的主題日活動 153

22 鄉民應援曲 158

23 兄弟最早的美女啦啦隊 163

PART 3

兄弟的周邊 曾經陪伴

24 兄弟的吉祥物一家 168
25 兄弟象第一張廣告合約 178
26 《兄弟》雜誌，滿足象迷的追星慾望 184
27 《象報》，專屬球迷的雙週刊 190
28 年輕世代沒看過的棒球收藏 197
28 文人齊聚的棒球小說獎 201
30 兄弟也曾踏入唱片圈 206
附錄
兄弟記事年表 211
精彩圖輯 225

推薦文

關於兄弟的精采編年史

文森說書（YouTuber）

如果兄弟需要一本精采有趣又富有感情的編年史，那肯定會是周思齊寫的這一本。

就像網路上會有人做出詳細的人物誌一樣，這些內容都可以讓觀眾更了解這個人經歷過了什麼、什麼事情改變了他，而最後他如何寫下成就，《兄弟上場》這本書就是在做這件事。

書上用精采的故事帶出兄弟象這個球隊如何出現，而且還搭配一些小故事，例如說，當時的球隊老闆還必須同時登記為選手，才符合一個合格球隊的人數！

也講到了，初期的球員訓練都是怎麼設計的，例如晚上時間竟然是跑到兄弟大飯店的頂樓去練球。這些很有畫面的故事都被記載在這本書中，讓我不只滿足了對於球隊本身的好奇，也對一路走來的汗水與淚水特別欽佩。

而我在讀完之後深深感覺到，這本書根本就是作者寫給自己看的書，只是因為寫得太有趣了，才讓身為讀者的我們也愛上這本書。

推薦文

燃起老球迷心中的火炬

何榮幸（《報導者》創辦人兼執行長）

身為職棒初期的死忠味全龍迷，道義上原本不該為兄弟象站台，但一來這本書是你不能不敬佩的周思齊寫的，有周思齊按讚就對了；二來多年之後物換星移、人事已非，龍象大戰世仇對決也早就被大巨蛋裡的冷氣吹得雲淡風輕了。

這本書描繪了長達四十年的台灣棒球故事，因為是以兄弟隊為敘事主軸，爪爪迷必定收藏自不在話下，但其他各隊球迷也不容缺席，因為書中滿滿都是我們對於棒球的熱愛，以及我們青春不悔的看球歲月。

是的，包括令人痛心的「黑象事件」簽賭風暴在內，所有好的、壞的歷史記憶，都是台灣棒球故事無法分割的一部分。所以潔身自愛的球員才會那麼可貴，不離不棄的球迷才會那麼值得珍惜。

對於我這一代五年級老球迷而言，從小時候半夜起床看衛星轉播三級棒球隊為國爭光，到現在讚嘆折服大谷翔平在ＭＬＢ締造「五十／五十」歷史性成就，只要是能夠令人感動的棒球故事，我們這些老球迷心中的火炬永遠都在燃燒。

推薦文

周思齊無所不能

吳家德（NU PASTA總經理、作家）

當年中華職棒開打，我仍是一位高中生。雖已有大學聯考的升學壓力，卻仍把比賽的壓力放在自己身上，贏了很爽，輸了很嘔，彷彿自己也是場上球員，在乎勝負。而讓我心情七上八下的球隊，就是兄弟象。

有幸閱讀《兄弟上場》，讓我穿越時空，感受球賽的刺激與火熱。

認識思齊多年，敬佩他的地方太多了。他超帥又謙虛，球技好，人品也佳，喜歡閱讀又能寫書，最讓我佩服的是他的公益心，成立球芽基金十多年，一直深耕基層的棒球學校，讓小選手可以持續學習，在品德教育與閱讀推廣方面不遺餘力，這般偉大的情操，我望塵莫及。

比賽總有輸贏，球員總會退休，但記錄總能保存。謝謝思齊對兄弟四十年歷史的用心爬梳，細心考據，得以讓資深球迷重溫舊夢，腦海重現兄弟黃潮的光榮時刻。

思齊最後一場的引退賽，我有幸蒞臨大巨蛋的內野看他上場打擊。我用手機拍下他最後一次上場打擊的背影，真帥，如同他的這本書一樣好看。

推薦文

特別的球員，寫下偉大球隊的故事

曾文誠（棒球評論人）

兄弟棒球隊從業餘時代至今超過四十年，是支有歷史的偉大球隊。要談這球隊可以從任何角度、任何觀點都行，不管歷代球星、輝煌戰績，亦或編年史似的球隊過往，能書寫的事情實在太多了。

我曾想過某一天會有人動筆，但沒想到的是周思齊，一個就是兄弟隊中的選手來做這件事，不過話說回來，周思齊如此特殊的運動員，做這樣的事好像不意外，一點也不違和。

周思齊有多特別，應該不用我多花筆墨來形容，要強調的是他一直對台灣棒球史極有興趣，也充滿使命感，過去寫台灣棒球場歷史，這回寫兄弟隊。雖然書中多數的內容，我幾乎都曾見證或參與其中，但還是有很多我不知道的事情，例如創立這支隊伍的洪騰勝先生，他的父親洪朝在四〇年代就在台南開公司，並且也弄了支棒球隊，能寫出這些，可見周思齊爬梳歷史的功力。

誠摯推薦這本值得閱讀及珍藏的好書！

推薦文

讓台灣棒球用更溫柔深刻的方式被看見

微看球筆記（熱血爪迷）

「閱讀」一直是我非常習慣用來了解這個世界的方法，但《兄弟上場》所帶來深深的牽動與共感，卻前所未有！這嶄新的閱讀體驗，自然是來自獨一無二的作者，除了眾所周知的各種耀眼身分，周思齊更是個血管中竄流著黃色血液的象迷。

而本書最讓我動容的是，將象迷書寫入了黃色狂潮的歷史，許多球迷組織的沿革、領導人物、活動範圍，甚至是組織的「氣質」，都鉅細靡遺的描述分類。過往球迷朝著球場內丟擲便當的激情事件大家都耳熟能詳，但書中提到的光輝組卻是以溫和有禮、不攻擊球員著稱，這讓常被批評為「牡蠣迷」的我深深的感動，原來，從職棒二年開始就有一大群球迷前輩跟我一樣，選擇用最大的鼓勵為球員應援，並且期待以自律的行為來維持這支球隊球迷的形象。

周思齊的引退儀式已經用最絢爛的方式精采落幕，但這樣一個華麗的轉身，在球迷心中留下的除了感傷，卻還有更多希冀與期待，而這箇中奧妙在翻開《兄弟上場》之後，就能逐漸浮現。這樣美好的社會共同記憶，遠大於勝負，也是讓棒球存續的關鍵。身為球迷的我們，與思齊一起來成為記憶載體中的重要一份子吧！

推薦文

台灣需要兄弟史！

蔡淇華（惠文高中圖書館主任、作家）

看這本書，要用掉好多張衛生紙，拭乾時光隧道裡，感動的洪水，與對職棒歷史的感恩。

周思齊在大巨蛋引退賽，無預警說出「兄弟齊心，大家都愛短今」。原來二〇一四到二〇二〇年這七年間，兄弟只拿下六亞，讓許多球迷戲稱兄弟隊是「安心亞」。接任隊長的周思齊想到在賽前將大家集合起來，圍成「象圈圈」，每位選手輪流分享心裡話。「兄弟齊心……我愛短今」便是那時的「象圈圈」產物。想不到這樣更有凝聚力的象隊，真的在二〇二一年重新拿回總冠軍。奪冠那日，我在臉書寫下：恭喜兄弟，不離不棄；一日兄弟，終生兄弟！

在有六四、號子打飽嗝和林強《向前走》的台北一九八九，接住職棒元年的外野高飛球，於是開始迷上兄弟。走過一九九二到一九九四、二〇〇一到二〇〇三的兩次三連霸王朝，經歷職棒簽賭、那魯灣聯盟挖角、黑象事件，中職觀眾跌到谷底，到今日大巨蛋建好，中職榮景重現。好多人單純的美好，都被兄弟象牢牢牽動。所以，台灣怎能沒有一部兄弟象史？

幸好，現為師大臺灣史研究所研究生的周思齊，發揮他史學的專業，孜孜矻矻，在圖籍散亂中，拾遺補闕，終於完成《兄弟上場》，讓我們不會忘記，有個教練叫曾紀恩；沒有洪家，中職也許還得晚好幾年才會出現；有個球迷組織叫光輝組，他們從年輕追到二〇二一年王光輝過世。

在王光輝出殯的那天，光輝組的成員相約去送最後一程。在周思齊引退賽，王光輝的兒子，現任兄弟隊長王威晨，哭倒在周思齊懷裡說：「代替王光輝謝謝你。」不只光輝組的成員，所有的球迷都哭紅了雙眼。

當那雙眼展讀《兄弟上場》時，會再次確認：有棒球，真好！有兄弟，人生與台灣，都更美好！

推薦文

百萬象迷專屬的共同回憶

謝文憲（台灣運動好事協會理事長）

《深刻認識一個人》作者大衛・布魯克斯引述心理學家的觀點指出：「只有對一個人的目的有意義，一場比賽才真正存在，此人才有專屬自己的賽事經驗。」

這就像我常跟非球迷男性友人所談到的：「要跟他人有話聊，先找一支職棒球隊支持，然後投入時間下去。」

於是，大多友人都選了兄弟象（中信兄弟）。

我身為統一獅資深獅迷三十四年（職棒二年，大學四年級的我，在台中擔任啦啦隊），兄弟象一直是我們最敬重的對手，無論中職票房輝煌與否，三十幾年來的對戰，始終充滿話題，無論輸贏。有時雖然恨得牙癢癢，但倘若失去彼此，好似失去全世界。

周思齊的存在，是一種中華職棒超越輸贏的存在，他永遠是台灣現代棒球的領袖，中信兄弟的領袖，更是我心中偉大的領袖。

我看完本書，已經可以預測，這將是兄弟王朝史上最完整的一本歷史收藏，更是我輩參與棒球的回憶素材，因為這是「台灣百萬象迷專屬的賽事經驗與共同回憶」。

連我這個獅迷，都必須買上百本，送給好友。

推薦文

他是我兄弟

瞿友寧（導演）

我算是職棒第一年就開始跟隨兄弟象看球的象迷了，那年我二十歲，和女友交往的重要期盼，就是她可以跟我一起去球場拋下黃絲帶，這些球場的熱血，交織年少的熱愛，混合成兄弟魂。

拍攝電影《花甲大人轉男孩》時，電影中有一段真摯的父親情感，無能的花甲爸帶著花甲去球場看棒球，看的就是兄弟象的比賽，還邀請了恰恰彭政閔客串演出多年前剛入職棒就大放異彩的他。當時設計這段故事，心中想說的是，不管他好他壞，在兒子面前，他還是會努力當個好爸爸，想當他心中的英雄……

而這麼多年下來，兄弟球隊當然經歷過光輝歲月，也有過低潮，但就是有一種不可言喻的精神，當戰歌響起，還是會喚起所有熱血，提醒自己，永不放棄。

就好像周思齊，在他身上，見證的不只是棒球歷史，更是一種棒球魂，永遠不會散去。

推薦文

記錄兄弟史的第一人

體育大叔（運動作家）

退休之後期許要當「棒球知識搬運工」的周思齊，立志要出版二十本棒球相關書籍，《兄弟上場》是他的第五本，而要寫這本記錄兄弟隊四十年歷史的書，沒有比周思齊更適合的人了。

周思齊是國立臺灣師範大學臺灣史研究所的研究生，優秀的文字敘述、專業的歷史爬梳能力加上豐富的棒球知識，兄弟四十年的歷史原本就很精采了，周思齊讓《兄弟上場》變得更加精采。

這本書，不只是以歷史的角度去記錄兄弟從一九八四年成軍以來的高潮和起伏，包括當年成軍的緣起、二次三連霸的輝煌、七年六亞的掙扎，周思齊甚至做起了文史考究的工作，他從很多周邊的角度，如應援組織、標語和口號，甚至是啦啦隊，去探究這支球隊的歷史。

在職業運動中，歷史非常重要，要有歷史的累積，才能突顯出現在的價值，而歷史不只是球員的紀錄，還包括史料的整理，像兄弟這樣一支具有代表性的傳奇人氣球隊，絕對需要像《兄弟上場》這樣一本書，去把它曾經發生的一切，永遠保留下來。

自序

關於我與兄弟

兄弟象，是一支很迷人的球隊！

就讀光復國小時，我是先參加足球隊，每天放學就是練球，學校的女足很強，但我們男足好像怎麼練都沒有更出色的成績，練到學校的男足隊解散，我就默默的被加入棒球隊了。

那時候職棒開打沒有幾年，也沒有每場比賽都有電視轉播，我本來一開始對棒球沒有太多想法和目標，直到有一天，光復車站突然變得很熱鬧，棒球隊的我們被教練帶去車站，從車站出來的是王光輝、王光熙、陳義信、黃忠義，這四個人被光復鄉親友簇擁著，如英雄般的上了車。

我跟著棒球隊的隊友一起到了王光輝的家，聽著王光熙講著巴塞隆納奧運的種種，聽著他們講著職棒的點滴。我心裡想：「原來打棒球可以這麼帥喔！」那天，他們在我的制服上簽了名，我也拿到球星簽名紀念照片，這兩件物品我珍藏至今。

我開始很專注的留意職棒相關消息，特別是兄弟象，因為陳義信、王光輝這兩位兄弟象大明星都是光復鄉的人。沒有轉播的時候，我就聽廣播，隔天一定會看《民生報》，只要有兄弟象的新聞我都會剪下來，特別是王光輝的新聞我一定不會漏掉。

當時，有關兄弟象的一切我都很想知道，仔細想想，應該也是在這時候有了很明確的目標和動力：「我喜歡棒球！」我想要打棒球，想要長大後打職棒，更想在兄弟象打棒球！

初踏入職棒，就已經是職棒的低潮期了，每場比賽的觀眾都不算多。通常有兄弟象的比賽，球迷會多一點，有些熱情球迷即使面對空蕩蕩的觀眾席，依然很奮力的吶喊，特別是在二〇〇八年的時候讓人最有感觸。有時候會有點羨慕在兄弟象的選手，畢竟我們無法選擇自己身處的環境。

二〇〇八年球季還沒結束，黑米事件就爆發了，比賽還沒打完我們就被迫提早休息。當時對自己的未來相當迷惘，只能走一步算一步。當年底的特別選秀會，據說我是在當時總教練王光輝的堅持下，第三輪被選進了兄弟象。我很難形容當時的心情，畢竟自己喜歡與堅持的棒球路可以延續下去，而且還是我朝思暮想的兄弟象，真的太不可思議了，那是經歷過了煎熬與痛苦換來的。我想二〇〇八年也許是上帝給我的考驗，而兄弟象就是上帝給我的祝福了。

本來在場上看著觀眾席羨慕的我，也成為了身穿黃色球衣的一份子。二〇〇九年加入兄弟象後，雖然職棒依然因為受到了假球案的打擊，暫時看不到曙光，但我從象迷的身上看到了他們的韌性與堅持，場邊的應援永遠比其他人大聲熱情，球隊出事了會第一個站上街頭為自己熱愛的球隊與棒球聲援。看著他們因為假球案在街頭哭泣；看著他們因為兄弟象封王喜極而泣；看著他們不離不棄，如果沒有真心喜愛棒球這運動，沒有真心喜歡兄弟象這支球隊，就不會這麼在乎，也不會這麼投入。

兄弟這支球隊，從業餘到現在已經成立了四十年，有太多的故事可以說。希望這些故事能勾起你們對於兄弟象的更多回憶，希望能再一起燃燒起那骨子裡滿滿黃血的熱情！

PART 1

兄弟本事

如兄如弟，歡天喜地。

兄弟精神，永不放棄。

我們兄弟沒有在放棄的！

01

兄弟隊史最初回

一直以來，我很喜歡棒球相關的人、事、物。這幾年比較積極爬梳各主題的棒球史，也發現在日本將棒球帶入台灣後，對台灣棒球的影響很深遠。這樣的關聯，也發生在兄弟棒球隊這支隊伍上。

日治時期，日本有許多公司行號會組織自己的棒球隊，利用工作閒暇之餘一起打棒球，包含鐵道部、糖廠……等，都有成立相關棒球社團。

二次大戰後，台灣的經濟慢慢復甦，約莫在民國四十多年左右，位在台南的「華南縫衣機器廠」也有了自己的棒球隊，而這家公司的老闆叫做「洪朝」。

熱愛棒球的老闆們

我在網路上查詢華南縫衣機器廠的成立日期，是民國三十八年四月一日。這家公司成立多久才有自己的棒球隊已不可考，但可知的是，老闆對於棒球的熱愛完全展現在這支球隊上，不僅自己製作球衣，也很鼓勵自家五個男孩打棒球。

在當時，洪朝應該萬萬沒想到，自己的孩子後續會成為影響台灣棒球發展、影響職業棒球發展的重要推手之一。

洪朝的大兒子是洪騰勝，自小就在充滿棒球的環境下長大。他爸爸到國外出差回來送他的禮物是棒球手套，他也跟著爸爸公司的棒球隊一起打球。台大畢業後，在爸爸的資助下成立了騰勝貿易公司（民國四十九年），專門經營打字機的買賣，也跟爸爸一樣在公司組織了自己的棒球隊，和員工一起打棒球，完全承襲了爸爸洪朝的做法。頗有商業頭腦的洪騰勝把公司經營得有聲有色，而洪朝其他幾個兒子也在各自領域上發展得不錯，五兄弟就在民國六十八年集資成立了兄弟大飯店。

當然，有公司就有棒球隊這件事，對洪騰勝來說一點都不陌生。有了兄弟大飯店，當然也要繼續帶著員工打棒球，他甚至想成立一支正式球隊，不僅僅是甲組球隊，而是一支職棒球隊，這一直是洪騰勝的夢想之一。

當時台灣還沒有職棒聯盟，洪騰勝想要做職棒球隊的想法，在旁人看來實在有點天方夜譚，但熱愛棒球的洪騰勝，一直努力的找機會逐步實現這個夢想。在飯店成立幾年後，洪騰勝認為飯店營運已經步入正軌，可以有點餘裕來規劃棒球隊，於是就跟弟弟們開始進行棒球隊的籌備。

棒球夢的開始與執行

一支棒球隊的組成，最重要的就是隊員和教練。

兄弟飯店找球員的方法真的非常「企業徵才」，不是走私下挖角、獵頭的方式進行。民國七十三年八月，各大報頭版都刊登了一則「兄弟飯店棒球隊招募球員」的廣告，而且月薪三萬。

在那個年代，政府規定的基本薪資是六千一百五十元，根據主計處資料，當年的國民平均所得每個月大約是九千七百七十元，因此當兄弟飯店刊登廣告招募球員，起薪三萬元，引起了各界震撼。

本來以為祭出高薪就可以找到好選手，重賞之下必有勇夫，結果反而讓許多選手害怕兄弟飯店只是玩玩而已，畢竟當年其他球隊，例如合庫、台電、中油……等等都是公營企業，雖然薪資不高但相對穩定。私人企業開高薪找球員，反而會讓選手不敢挑戰，傾向持續留在穩定領薪水的球隊裡。

對洪騰勝來說，成立棒球隊的同時，也要照顧好球員。他認為要好好打球，球員的生活也應該一起照顧到，薪水夠高才能讓球員更專心投入訓練。而後續每一位球員都是洪騰勝親自面試，一個一個招募進來的。

關於教練團的成員，一開始洪騰勝就鎖定了當時擔任空軍棒球隊教練的曾紀恩。曾紀恩帶隊相當嚴謹且成績斐然，對洪騰勝來說是首任總教練最適合的人選。那時洪騰勝和弟弟洪瑞河、洪杰一起去曾紀恩的宿舍拜訪。據說當時已經六十多歲的曾紀恩覺得自己年紀太大，一度婉拒，但依然對棒球懷有相當的熱情，加上洪騰勝對於組織棒球隊、成立職棒球隊的堅持讓他非常讚賞，於是決定接下兵符。

克難的球隊初期

民國七十三年九月一日，兄弟棒球隊正式成軍，創隊成員有李居明、陽介仁、林百亨、江仲豪、王俊郎、鄭幸生、張永昌、黃廣琪、李文傳、許錫華、黃光祥、高明順和吳林煉，總共才十三位成員。

以正規賽事先發需要九人（如果有指定打擊會多一位），等於預備球員只剩下三或四位而已，要應付連續出賽實在太辛苦，再加上這些選手當時有的人有其他工作，有的人已經淡出球界，有幾位身高不高，被許多人笑稱是一群老弱殘兵，甚至還有人笑兄弟棒球隊是「秘雕隊」。

以投手來說，當時隊上只有黃廣琪和張永昌，江仲豪只有在少棒時期當過投手，偶爾比賽也要站上投手丘，有時還要當游擊手。總之，十三人的球隊就是各種克難大集合，在各守備位置幾乎只有一位選手的情況下，很多選手都要身兼其他位置的替補，相當艱辛。

曾紀恩的訓練非常嚴格，在棒球界，聽到曾紀恩的名字無不肅然起敬，他可以說是用軍事化的管理方式帶領兄弟棒球隊。當時全體球員一律住宿，而且每天的行程極為規律，按表操課，還制定了相關的賞罰辦法，內容就貼在球員宿舍會議室，讓大家時時都能看到並警惕自己。

據說為了讓球員體能不受影響，球隊創立初期嚴禁選手抽菸喝酒，連體重都嚴格要求控管，避免過胖。曾經有選手抽菸被看見，當年的年終獎金直接被扣了三分之一，完全沒有轉圜餘地。不過相對來說，獎勵也給得相當大方，每場比賽如果有達到預定目標，就能獲得獎金。

在賞罰分明、訓練嚴謹的治理下，兄弟棒球隊成立的隔年就晉升為甲組球隊，並且在甲組第一年就拿下中正盃棒球賽第四名、國慶盃棒球賽第二名。第一年組隊時還被嘲笑是老弱殘兵，隔年就讓其他甲組成棒隊伍備感威脅。民國七十五年（球隊成立第三年），兄弟棒球隊在甲組成棒聯賽創下了十四連勝的紀錄。

很多人都很好奇，兄弟棒球隊怎麼在短短時間內能有如此出色的成績？這點就回應到大家最熟悉的兄弟精神標語：「苦練決勝負。」

曾紀恩教練在初期就制定了相當嚴謹的訓練作息表，認真執行下，很快就看到成果，而這樣的精神自然而然成為兄弟棒球隊的一種球風與文化。

02

沒有洪家，中職也許還得晚好幾年才會出現

兄弟棒球隊在民國七十三年成立後，相當積極的強化自己，但在球員數不太夠的情況下，當時連已經六十三歲的總教練曾紀恩都曾被登錄為球員，真正是「叫恁總欽出來打」。

而比總教練下場比賽等級更高的，則是「叫恁頭家出來打」，不僅總教練要兼球員，這球隊連創隊的老闆都不放過。

洪家五兄弟自己創了球隊，也自己登錄為球員參加比賽，畢竟創隊之初投入乙組的兄弟隊成員只有十三人，打著打著，只剩下十人可以出賽，根本找不到人輪替，於是老闆、總教練都要一起登錄球員隨時準備上場，這也讓工作人員印象相當深刻。

雖然初期的球員人數吃緊，但兄弟隊愈打愈順手，在七十四年二月的乙

組棒球賽中取得向省立台灣體專挑戰的資格。

當時有了強力好手李居明跟吳林煉在陣中，兄弟隊在七十四年三月的甲組挑戰賽接連獲得勝利，因此成立不到兩年，兄弟隊就順利成為國內第十支甲組棒球隊。

朝職業棒球的理想前進

兄弟隊進入甲組後，全心投入練球，也獲得了回報，不僅曾在七十五年創下當時十四連勝的超強紀錄，也拿下了當年的冠軍，成果相當斐然，當然也迅速累積了不少球迷。

洪騰勝在兄弟隊站穩甲組後，一直有推動棒球隊職業化的理想。民國七十六年，擔任全國體協理事長的張豐緒先生曾主動向洪騰勝提到，台灣的棒球需要有更高層次的職業化發展了，他問說：「為什麼不乾脆推動職業棒球？」這句話直接打中了洪騰勝。

兄弟隊在甲組站穩已經無法滿足洪騰勝對棒球運動的熱愛，他沒忘記當時組隊的初衷，就是希望能為催生台灣的職業棒球隊努力，因此洪騰勝覺得時機似乎差不多了。他開始積極思考怎麼推動職棒成立，並且已經預設好，初期成立需要有四支隊伍，思索需要找哪些企業一起投入經營。

當然，一開始肯定不會很順遂，畢竟真正從事棒球運動的人口不算多，而在那個年代，棒球與國族情感結合得相當緊密，台灣透過每一場國際棒球賽增加了許多曝光與聲量，無形中也結合起民間許多共識。這些棒球選手，每一位都是為國爭光的中華英雄，如果要成立職業棒球，勢必需要更多棒球選手加入，那麼這些國家隊的成員也有可能去打職棒。這些國手如果去打職棒，那麼背負著大家期待的國際賽該怎麼辦？戰力是否會受影響？因此，對於職棒的成立，質疑、反對的聲量也不小，畢竟對許多人來說，幫國家贏得比賽拿下榮耀，比推動棒球職業化更加重要。

尋找認同職棒的企業

第一個認同洪騰勝要一起推動職棒的企業是味全。味全原本就有在經營球隊，同時也是甲組的隊伍。於是初期就先有兄弟、味全兩個企業，接下來只要再找到兩個企業就能積極推動了。

洪騰勝為了找哪些企業傷透腦筋，但也不想用亂槍打鳥的方式進行邀請，他覺得這樣非常不禮貌且冒失，他認為邀約的對象一定要謹慎選擇。他曾說自己只寫過兩封信，「統一」是唯一回信的企業，而且統一當時相當客氣的拒絕了洪騰勝的提議，提到企業內並沒有經營職棒的專業人才。

但是有了回信，就給了洪騰勝希望。洪騰勝親自找到統一的副總林蒼生，並跟董事長吳修齊面對面懇談。

不知道是同為台南人的親切，或是有土親人親的同鄉情懷，雖然統一一開始婉拒了組織棒球隊，卻沒有對洪騰勝的請求一把推開，反而在洪騰勝鍥而不捨的努力下被打動了。當時統一的總經理高清愿親自打電話給洪騰勝，表示願意一起組織職業棒球隊，只不過不知道如何找球員。

終於，推動職棒又更近了一步。統一加入後，只剩下最後一支球隊了，而洪騰勝為了讓統一能安心並順利組織球隊，也親力親為的為統一奔走，協助他們招募教練與球員。

接著洪騰勝也得到長榮海運董事長張榮發的首肯，一起加入職棒，因此在民國七十六年十二月三十一日，就以兄弟、味全、統一、長榮海運共同組成了「職業棒球推動委員會」，主任委員為當時的棒協理事長唐盼盼，執行祕書則是洪騰勝，台灣職棒終於踏出了第一步，而這時候大家熟悉的三商還沒有在這個委員會中。

委員會成立後，怎麼募集更多的資源贊助、組織球隊、推動賽事早日進行，都是很大的考驗。原先同意一起組隊打職棒的長榮海運，在這過程中因為理念不合而退出，於是洪騰勝臨時拜託了自己的同學——三商的總經理陳河東加入。

這時候，四支球隊終於真的確定下來了。

職棒聯盟正式成立

民國七十八年十月二十三日，中華職棒聯盟正式成立，兄弟、味全、統一與三商，一同在兄弟飯店舉辦成立大會。

我們終於有了職棒聯盟，棒球運動正式邁入職業化。雖然中間反對的人很多，不看好的人也不在少數，但至少有了一個開始。

民國七十九年，職棒元年開幕戰在三月十七日開打。

這場歷史性的比賽，對戰隊伍由抽籤決定，當天的開球嘉賓是遠從日本來的王貞治，台北市立棒球場湧進了滿場一萬四千三百五十人觀看台灣第一場職棒賽事開打，歷史性的第一球是由兄弟象的先發投手張永昌投出。

雖然第一場比賽，兄弟象並沒有拿下勝利，但也為了台灣的棒球開啟新的紀元。台灣第一個職業運動——棒球，正式開打！

我想，如果沒有這麼熱愛棒球的洪騰勝和洪家，沒有他們這麼拚命努力的為了成立職棒奔走、投入許多資源，台灣棒球要職業化，應該還要再等更多年了。

謝謝你，兄弟！

03

兄弟龍潭棒球場

我在加入兄弟象之前，所屬的球隊沒有一個球隊擁有自己蓋的球場。誠泰時期的訓練場地在三芝的永恆棒球場，當時是誠泰跟永恆機電的黃老闆承租，誠泰再自己加蓋鐵皮屋做了室內專用的練習場地。

記得二〇〇九年，我剛加入兄弟象，第一次踏入兄弟龍潭棒球場展開春訓，其實還挺興奮和期待的，畢竟當時的職棒隊伍中，只有兄弟象有這樣真正屬於自己訓練的球場。在這裡不僅有一個陽春但可以用來比賽的標準球場，也有室內練習場，能讓春訓期間即使下著雨，相關訓練行程都不至於大受影響。

現在看起來很簡約的小球場，在三十多年前真的算是非常大的建設。我覺得洪騰勝就是太愛棒球了，才有辦法在短時間內蓋了這樣一個球場。

擁有自己蓋的球場

兄弟棒球隊剛成立時，球隊每天訓練的行程相當固定。一早天亮起床，先沿著飯店附近跑步，接著八點半前用餐，之後便移動到附近的台北市立棒球場或是新生公園棒球場進行訓練。午休時間回到飯店用餐後，便到各自的工作崗位上確認當天要處理的工作事項，接著下午四點又到球場集合，晚上八點還要進行特訓。

這時候訓練的地點有可能會用到飯店地下三樓停車場和飯店頂樓的部分，當時飯店這兩處比較不會被住宿客人使用的空間，就會被架上打擊練習網，讓選手能夠時常練習。

洪騰勝其實在成立球隊之後，蓋一個標準球場便是他的下一個目標，畢竟他的夢想不僅僅是成立一支飯店的棒球隊，更重要的是要成立職棒啊，因此有一個自己的專屬球場，是一件很重要的事情。

民國七十三年，兄弟棒球隊成立後，球團一直很積極在尋覓適合的土地。就在隔年（民國七十四年）決定買下龍潭靠近陸軍總部附近的茶園興建

球場，占地約一萬六千多坪。

買下了地，在整建之前才發現，因為土地位在陸軍總部直升機訓練的航道上，軍方一直很擔心飛行的安全會受到棒球影響，洪騰勝花了不少時間跟軍方進行溝通。當時他以台北市新生公園棒球場正好在松山機場航道下方為例，和軍方積極協調，並簽下一份切結書，確保說如果軍方的飛機被棒球打下造成損壞，球團這邊都會照價賠償。

在洪騰勝簽下切結書保證之後，終於在七十四年四月四日進行破土儀式，正式開工，並在隔年十一月一日，球場正式啟用，興建費用總計九千多萬，接近一億元。

球場啟用

洪騰勝在創立球隊之初便曾發下豪語：「三年蓋球場，五年組職棒。」果然他在三年內便完成一座由私人企業打造的標準球場，當時沒有任何一支甲組球隊有自己蓋的球場，因此兄弟龍潭棒球場的啟用，可說是國內創舉。

兄弟棒球隊在七十五年十一月十一日邀請全國棒協總幹事楊柏森、棒球專家簡永昌和體育線的記者到龍潭棒球場參觀，隔天各大報也報導了這個全國第一個私人企業興建的甲組棒球隊專屬球場。

兄弟龍潭棒球場的大小，中外野距離大概四百英尺，左右外野距離三百四十英尺，草皮還有自動灑水系統，本壘後方約有五百個觀眾席。整個球場當時大概可以容納將近一千位觀眾，並配有電子記分板；球場旁有兩個投手練習場、體能訓練場及大約一千坪的室內內野練習場，配有至少八十盞燈。球場旁還有簡易的球員宿舍與會議室，現場全國棒協總幹事楊柏森還當場詢問洪騰勝，希望未來有機會能借用作為中華隊集訓用場地。

雖然球場容納的觀眾人數並不多，但兄弟龍潭球場曾舉辦過一場正式的中職賽事，也是唯一的一場。

第一次也是唯一一次賽事

二〇〇一年四月十四日，兄弟象在龍潭球場安排了一場例行賽，對戰的球隊是和信鯨。當年兩隊的先發投手分別是兄弟象的養父鐵，以及和信鯨的謝承勳。

養父鐵在第一局就被和信鯨打掛，一上讓和信鯨打出八支安打，包含一支黃貴裕的全壘打，和信鯨拿下七分，養父鐵黯然退場。和信鯨的先發謝承勳，前面幾局表現尚穩，沒想到六局下狂失七分，也讓總教練李來發直搖頭將他換下場。

終場和信鯨以十七比十擊敗兄弟象隊，而失八分的謝承勳還拿下了當天的勝投，兩支球隊在這場比賽中一共打出了二十七支安打，可以說是安打滿天飛哪！

根據官方紀錄，這場比賽總共打了四小時十七分，現場觀眾人數有兩千兩百五十四人，而前面提到球場的上方是陸軍總部直升機訓練的航道，因此球賽的轉播還能看到直升機飛過，相當有趣。

關於兄弟龍潭棒球場，我想不只是很多兄弟象球員的回憶，也是許多球迷的回憶。以春訓時間點來說，桃園龍潭多數時間還是有點冷，當時有隊友會拿汽油桶燃燒斷棒讓大家取暖。

即使棒球場的位置就交通上來說不是太方便，但很多球迷會在春訓時間特地搭車或開車到龍潭來看我們，開季前的兄弟龍潭球場就已經相當熱鬧。

兄弟象隊在龍潭棒球場的春訓，最後一次應該在二〇一四年，當時兄弟象剛轉賣給中信，這一年還在龍潭春訓，二〇一五年我們在洲際春訓，二〇一六年開始便移到屏東春訓基地。

雖然兄弟象球隊在二〇一三年底轉手，少了球隊到龍潭棒球場春訓，球迷不再聚集於此，但龍潭棒球場依然是洪家每個禮拜要來打球的地方。

二〇一九年，洪騰勝還在這裡蓋了一間大飯店，將當時的球場、室內訓練場整修開放作為飯店的設施使用，飯店本身還展示了相當多洪家自己收藏的棒球文物，成為相當受親子歡迎的觀光景點。

04

後無來者的金冠軍

兄弟隊成立後，在業餘隊中很快就打出成績，因此當職棒成立後，許多球迷對兄弟隊的期許相當的深，期望在職棒開打後，兄弟象也勢如破竹拿下場場勝利。對球隊的行銷來說，若能拿下好成績，也能吸引更多球迷對球團的支持。

不過兄弟隊在職棒元年的成績真的有點慘。上半球季只排第三名，下半球季敬陪末座，全年度排名直接在谷底。雖然行銷上頗有收穫，但戰績也是象迷心中的痛，誰不希望自己的球隊能有好的表現？

網羅好手增強戰力

職棒二年，兄弟象網羅了不少好手，包含陳義信、吳復連。本來球隊也期待在職棒二年能夠雪恥一番，但整體戰績依然沒有特別的起色，還是以全年度排名第四的最後一名成績作收，連兩年墊底。

這時別說總冠軍了，連一座季冠軍都沒有，對死忠球迷來說多少有點氣餒與心急。畢竟他們都在等這支球隊站上榮耀的時刻，就是想要看到兄弟象登上冠軍寶座。

一九九二年一月八日，兄弟象在選秀會中選擇了旅日的「亞洲巨砲」呂明賜，但呂明賜在這之前已經跟味全龍達成共識，因此雖然被兄弟象以第一順位選走，卻不願意跟兄弟象簽約。一番折騰後，味全龍與兄弟象達成協議，味全龍以林易增與陳彥成兩人和兄弟象的呂明賜做交換。

雖然兄弟象期許透過選秀來補進呂明賜這位大補丸，但透過交易換來的林易增與陳彥成實力也相當不錯，可以說「爭呂事件」看似沒有成功，但實質上球隊也補進了很強的選手。

拿到第一個季冠軍

職棒三年（一九九二年）開打沒多久，許多象迷發現兄弟象的氣勢和前兩年不同，在戰績上幾乎都能維持在前段班位置，而且投手的調度也比前兩年更加有空間。

除了原本就能扛下重任的陳義信，陣中的洋投也表現不俗，黃廣琪與張永昌總是能適時扛住比賽，陳憲章表現更加穩定，而季初透過交易進來的林易增與陳彥成，讓整個球隊的體質愈來愈優秀。在連續兩年墊底的情況下，兄弟象想拿下冠軍的渴望，我想是比其他球隊更加濃烈。

同年六月二十日，兄弟象在台南球場以十一比一大贏統一獅，拿下第一座上半球季冠軍。許多球迷一邊流淚一邊拋下彩帶。

有球迷還笑稱：「我們球員打這麼好，我不習慣啦！」可見這等了兩年多的冠軍，得來多麼不容易！

洪一中在當時受訪還提到：「我們在業餘棒球隊的時代的確拿過多次冠軍，但都無法像踏入職棒後，這樣長期投入心力與耐力……」

當然，只拿這一次季冠軍怎麼能滿足球迷？球隊與球員的目標也不會僅限於季冠軍。要拿下下半球季冠軍和全年總冠軍，這是大家一致的目標。前兩年墊底的心情，要用冠軍來雪恥哪！

只是當時曾經傳出有人叫兄弟不要這麼認真打球，畢竟如果下半球季又拿了冠軍，當時的賽制就沒有總冠軍賽可以看，大家認為「金冠軍賽」很沒看頭。

但是，對一支渴望冠軍的隊伍來說，比賽不可能放水，到手的勝利也不可能拱手讓人，兄弟象還是如願贏得了下半球季冠軍，也因為同時贏得上下半球季冠軍，如願登上職棒三年的總冠軍寶座，沒有總冠軍賽。

進入金冠軍挑戰賽

聯盟當時早在兄弟拿下總冠軍前，便擬定了由其他三支隊伍的明星選手組成聯隊，出戰總冠軍隊兄弟象，爭奪「金冠軍」獎盃。

金冠軍賽採七戰四勝制，每一場贏球的隊伍可以獲得獎金。第一場的勝利獎金是十五萬元、第二場是二十五萬元、第三場是三十五萬元、第四場是五十萬元。

有趣的是，聯盟初步規劃時，認為兄弟象與其他三隊組成聯隊的比賽應該不太有賣點，同時為了吸引其他隊選手願意組隊與兄弟象對戰，原本獎金只提供給聯隊。但兄弟象認為要和聯隊的人進行比賽，自己無論輸贏都毫無所得，聯隊的人贏球卻有獎金可拿，實在太不公平了，於是聯盟之後修改為勝隊除了是冠軍外，出賽選手也可獲得參賽津貼一萬元。

金冠軍挑戰賽第一場賽事於十月三十日登場。明星聯隊派出的先發投手是黃平洋，而兄弟象有輸不得的壓力，以陳義信打頭陣。

陳義信當時還曾經表示自己第一場的狀況沒調整好，有點僵硬。果然，黃平洋一開始完全封鎖了兄弟象的打擊，明星聯隊率先得分，讓兄弟象的壓力不小。

第五局後，陳義信回穩，靠著隊友的火力輸出及明星聯隊失誤，最後兄弟象以九比四拿下了金冠軍的第一場勝利。

三連勝後的挫敗與勝利

兄弟在金冠軍挑戰賽以三連勝的氣勢率先聽牌，只要再一勝就能拿下金冠軍。可惜第四、第五場連續讓明星聯隊扳回兩城。

雖然一開始兄弟象發現明星聯隊畢竟來自各隊，在默契不足的情況下，以短期比賽來說，兄弟象比較占優勢，但戰局拉長後，對兄弟象其實較為不利，畢竟兄弟象的比賽陣容不如明星聯隊兵多將廣，因此兄弟在第四、第五場的挫敗帶給選手不少壓力。

十一月五日的金冠軍挑戰賽打得非常精采，原本率先得分的兄弟象，在第七局被羅世幸一發滿貫砲超前，沒多久李居明在七局下也回敬一支全壘打，將比數追平，打完九局依然難分勝負，進入延長賽。

比賽在十三局下，兄弟象林易增靠著安打及明星聯軍的失誤衝上三壘，聯軍接著保送帝波與吳俊達，最後是王光輝用再見安打結束了比賽，兄弟象拿到了史無前例應該也是後無來者的金冠軍。

比賽結束後，欣喜若狂的球迷並沒有急著從台北市立棒球場離開，上萬名象迷自發性的從台北市立棒球場一路走回南京東路上的兄弟大飯店慶祝，當天晚上可以說是象迷癱瘓了南京東路，這樣的盛況，現在回想起來都覺得相當瘋狂與熱鬧。

面臨賽制的討論

有趣的是，金冠軍挑戰賽是台灣職棒史上首次有國際轉播的比賽，當年由亞衛取得轉播權，亞洲區的觀眾都能透過亞衛關注這場賽事，而這個系列賽在開打前就很受關注，亞衛轉播球賽的廣告檔期一下就賣光光了，但其實現場售票狀況來說卻不如預期。

整個金冠軍挑戰賽的票房和前兩年的總冠軍賽比起來，不太理想。聯盟內部針對這個情況做了討論，當時有球團提出，聯盟原定的上下半球季是否調整為單一球季，就不會有上下球季都由同一支隊伍取得冠軍的情況發生。

不過聯盟認為分成兩個球季有助於比賽的刺激度，既定的賽季沒有更動調整的理由，且在沒有更好的替代方案下，如果職棒四年一樣出現上下半球季都由同一支球隊拿冠軍，那麼依舊會在季末進行金冠軍挑戰賽。

後續台灣大賽的賽制也微調過，但職棒再也沒有舉辦過任何一場金冠軍挑戰賽，兄弟象這個金冠軍，可以說是前無古人也後無來者了！

05 第一次三連霸

職棒三年（一九九二年），兄弟象不僅拿下全年度總冠軍，更在金冠軍挑戰賽力克明星聯隊，拿下了金冠軍的獎盃，開啟兄弟象的第一個王朝！

也在這一年，森下正夫接任總教練，邀請山根俊英擔任投手教練。教練團是鐵了心的要徹底強化投手的戰力，畢竟連續兩年墊底，真的讓大家太不服氣了。

從增強戰力開始

山根俊英從春訓開始嚴格要求投手的體能，以及各項基本訓練，同時認真的觀察分析每位投手的優缺點，找出每個人需要調整與強化的地方。他也設定了接下來一整個球季每個投手的定位，可以說是相當注重細節。

他透過許多比賽的數據觀察投手實際狀況，提供每一位投手按部就班的訓練模式，因此有不少人認為，兄弟象能拿下職棒三年的總冠軍，山根俊英功不可沒，光是陳憲章在職棒三年優秀的表現，許多人都認為是山根俊英的功勞。

在山根俊英仔細調教下，投手們有了相當好的成績。到了職棒四年，森下正夫決定退休回日本，於是兄弟象決定由山根俊英接手總教練的位置。

這一年，球隊又補進了打擊與守備都相當有水準的葛雷諾，兄弟象的戰力可以說是更加堅強。

不過，職棒四年上半球季其實打得很辛苦。季初時，兄弟並沒有延續上一年拿下金冠軍的氣勢，甚至打得有點疲累，成績在後段班徘徊，直到四月開始才漸入佳境。

那一年的上半球季，兄弟象、統一獅和味全龍戰績相當接近，可以說每一場賽事都很關鍵，兄弟一直打到上半球季的最後一週才殺出重圍，拿下職棒四年上半球季冠軍。有時候翻開過往，似乎很多人說兄弟象就是春訓時間長，而這年我們的確很慢熱，一直到五、六月才有所發揮。

兄弟象在職棒四年有另一個重大蛻變，我覺得土居章助功不可沒。職棒三年的兄弟象，守備失誤率偏高，於是兄弟在職棒四年新聘任以守備見長的土居章助擔任打擊教練，這項安排在提升選手的守備技能上有明顯的成效，讓許多選手的失誤率下降。「攔住球，製造出局！」降低守備失誤，就能為球隊守住更多分數。

職棒四年，兄弟象與統一獅爭奪總冠軍。兄弟象在前一球季拿下全年度總冠軍和金冠軍，而統一獅則是職棒二年的總冠軍，兩支球隊對於自己的第二座冠軍都有著高度的渴望。

總冠軍賽的精采對決

總冠軍賽第一戰在台北市立棒球場開打。兄弟象後援會邀請了雅姿韻律世界來擔任啦啦隊在外野應援；開賽前，外野的兄弟象迷也放起滿滿黃色飛行瀑布，還沒開打就聲勢浩大。

這場的先發投手是陳義信對上王漢，強強對決，整場比賽可以說是一場精采的投手戰，也讓兩邊攻勢都無法有效發揮。

兄弟一直到九局上才靠著葛雷諾的滾地球與統一獅呂文生的失誤上壘，這時李居明用短打將葛雷諾送上二壘的得點圈；王漢面對王光輝給了四壞保送，選擇對決林百亨，沒想到被林百亨擊出安打，葛雷諾一口氣奔回本壘得分。這是整場比賽唯一的一分，陳義信完封了統一獅，兄弟拿下了總冠軍的第一戰勝利，穩定了軍心。

總冠軍賽的第二場投手調度，統一獅派出對兄弟象有極佳防禦率的謝長亨，兄弟象則是靠著當季投球內容評價不高、從未與統一獅交手過的洋投大偉封鎖統一的攻勢，兄弟最終以四比一拿下第二場勝利。

接著賽事移師到南部進行，第三場在高雄、第四場在台南，中間還發生南部球迷買不到票、黃牛票太貴引發眾怒的事情。

兄弟在第三場比賽被統一獅完封，在第四場派出陳憲章先發，第六局時，第二任投手陳義信登場。雖然統一獅整場擊出十支安打，卻未能有效串連攻勢，一分未得，倒是只有四支安打的兄弟象獲得兩分，贏得比賽，兄弟取得聽牌優勢，只要再一場勝利就能拿下總冠軍。

第五戰移到台中球場，之前表現可圈可點的兄弟象先發投手大偉卻控球不穩，打擊攻勢也不夠連貫，總之封王之路還欠臨門一腳。

原本期待當天就能封王拋彩帶的象迷和現場的獅迷們，情緒都相當激昂高亢，獅迷在統一獅贏球後大放鞭炮慶祝，而維持秩序的警察又特別集中在兄弟象加油區，現場氣氛相當緊繃哪！

總冠軍賽第六戰移師新竹球場，統一獅想拚第三勝，把戰線拉到第七戰，但兄弟象當然想在新竹拋彩帶。

第六戰一局下，兄弟率先拿下第一分，不過統一獅在七上將分數追平。八下兄弟積極搶分，洪一中的安打奠定了勝利的基礎。最終，兄弟以二比一氣走統一，完成二連霸。

從二連霸到三連霸

山根俊英總教練在職棒四年的例行賽及總冠軍賽中，總是以細膩的觀察調度，帶領兄弟象做出好的表現，拿下了總冠軍，可以說是這一年的關鍵人物之一。

到了職棒五年，兄弟象的教練團並沒有做調整，以相同陣容挑戰史上第一個三連霸。雖然洋將陣容有些改變，大偉、克魯茲離開了球隊，但加入了路易士、巴比諾。

這年的打擊表現相當出色，守備也穩定且優秀；而投手群包含陳義信、巴比諾、克力士、陳憲章，這幾位在當年都締造了至少十勝的佳績，這樣的兄弟怎麼輸？

總教練山根俊英當時曾發下豪語：「上半季不封王，我就切腹！」可見總教練對自己的球員充滿信心，以及勢在必得的決心。

兄弟象在一九九四年六月八日順利拿下職棒五年上半球季冠軍，創下最快封王的紀錄，而上半球季兄弟象的勝率高達〇・七五六，下半季的勝率也高達〇・六九八，可以說整年度都是令人聞風喪膽的狂象。

據說總教練山根俊英在比賽中還曾坐在休息區戴著太陽眼鏡睡了，應該是對自己帶出來的選手完全信任到如此放鬆吧！

職棒五年的兄弟象，可以說是擁有最完整、堅強的陣容；下半球季封王之路，山根俊英也做了精心的布局。不過當時有颱風來擾亂賽局，統一獅也在後面緊咬不放，隨時可能追上勝差，因此整個局勢影響到投手的調度。

如何在封王的最後幾週讓投手能依照山根的盤算走，才能順利封王避免進入總冠軍賽，山根俊英很清楚。以當時球員的狀態，要完成七戰四勝的總冠軍賽可能相當艱困，因此唯一目標就是勢必要拿下下半球季總冠軍，直接封王。

一九九四年十月八日，雖然兄弟象拚盡全力贏了統一獅，魔術數字亮了M1，但接下來三場都吃了敗仗，包含陳義信在十月十一日先發挑戰年度第二十二場勝利鎩羽而歸；十月十三日接替巴比諾上場，也沒能拿下勝利。

直到十月十五日面對味全龍的比賽，兄弟象派出屠龍手陳憲章，才終於拿下了下半球季冠軍，並且完成中華職棒聯盟第一次三連霸，兄弟王朝就此確立，這也是中職聯盟第一個三連霸的隊伍。

這一年，兄弟象全年度勝率高達〇・七二七，至今這紀錄依然高懸，難以突破！

06

球員的跳槽，曾讓象迷很傷心

一九九六年，對許多球迷來說，應該都是相當煎熬、傷心的一年吧。這一年的兄弟有幾位明星選手跳槽，讓許多球迷有了背叛感。

說到跳槽事件，整個前因後果要從一九九五年八月開始。

從轉播權開始的紛爭

這一年，中職聯盟進行了職棒八年到十年（一九九七至一九九九年）轉播權的招標，緯來電視台以高達十五億四千五百八十四萬的驚人金額獲得轉播權，而擁有職棒五至七年轉播權的年代電視（TVIS）則是出價六億八千四百萬，丟了轉播權。年代電視認為原轉播單位應該有優先議約權，但中職聯盟不肯，於是年代電視一氣之下，自行決定將場場轉播職棒賽事。

這點讓中職聯盟相當不滿，以當時情況而言，聯盟認為如果每天都有轉播比賽，會影響到進場人數，因為只要在家打開電視就能看到比賽，何必進球場？但年代電視可不這麼認為。當年除了年代，還有緯來、力霸、金頻道、天通、俊國、衛視共七家媒體來競標，年代的金額連前三名都排不上，這也代表不少人認為職棒比賽的轉播有利可圖，才會紛紛以高價來投標。

輸了未來轉播權的年代電視董事長邱復生，後來找了曾想加入中職但是沒成功的聲寶董事長陳盛沺，在當年年底組了「那魯灣股份有限公司」，進而推動「台灣職業棒球大聯盟」（簡稱台灣職棒大聯盟或台灣大聯盟）的成立。隔年六月，那魯灣股份有限公司便成立了四支球隊開放給企業贊助。

這時候的中職，正處在黑道勢力試圖影響選手比賽的狀況，也開始謠傳許多選手都涉嫌打放水球，還有黑函攻擊球隊的教練……等等。一九九六年八月，還發生了黑道挾持陳義信、李文傳、吳復連、陳逸松、洪一中五位球員的荒唐事件。

也在這個時候，那魯灣積極招募中職選手，有不少傳聞提到那魯灣用重金、複數約來「利誘」選手。八月二十九日的聯合報便報導了陳義信主動向領隊洪瑞河坦承那魯灣公司有跟他接觸。

這件事對球隊來說是個警訊。那魯灣如此積極的私下招募選手，對兄弟球團來說，此時如何安穩軍心、把選手留住避免隔年跳槽，都是球團的首要任務。

對台灣大聯盟來說，這應該是職棒選手可以自由選擇工作的時代；而對中職聯盟來說，選手如果跟台灣大聯盟簽約，有可能「侵犯合約」，而當時已經傳出有不少兄弟象選手有意在隔年跳槽到台灣大聯盟。

集體跳槽的衝擊

一九九六年十一月三日，那魯灣表示已經與十二位本土球員完成合約協議。這時候大家還不知道是哪十二位選手決定跳槽，球迷們人心惶惶，因為傳聞中的球員有不少是兄弟象的明星選手。

這份名單在十一月十日曝光，其中包含了兄弟的陳義信、洪一中、王光輝、吳復連、林易增。

十一月十三日，《聯合報》報導了陳義信對於跳槽到那魯灣的看法。陳義信當時以日本西武獅隊的清原和博為例，說他是透過自由球員（FA）制度轉隊到讀賣巨人隊，再加上那魯灣提出的合約相當誘人，對比季初自己被減薪，評估之後，決定到那魯灣延續棒球生涯。他認為自己跟兄弟的感情不變，只是緣分已盡。

尷尬的是，這年的頒獎典禮是在十一月八日舉行，就是那魯灣已經公布跟選手簽了約但還在捕風捉影沒有正式曝光名單的時候。

這一年的兄弟象選手拿下八個獎項，不過洋將在季賽結束後已經離開台灣，其他本土球員卻都因為「不在台北」或「要事在身」沒有出席典禮，所以那天兄弟象隊只有李居明代表，一個人幫隊友領了八座獎，但是李居明自己一座個人獎都沒有。

球員跳槽到那魯灣，即使兄弟象後來挽留住王光輝和林易增，但象迷的心已經被傷透了。

一九九六年十一月的《象報》與十二月的《兄弟》雜誌都報導了這些事件，許多象迷也抒發了難過的心情，當然其中花了不少篇幅安撫象迷的心。許多象迷都覺得還好王光輝、林易增與李居明還在，沒有離開兄弟象。

可是在兩年之後，象迷又傷心了一次。李居明在一九九九年季初就傳出要轉隊，當時球團和球迷都極力留人，甚至有球迷打算號召大家捐款留下李居明，可惜最後沒能成功，李居明正式跳槽到那魯灣。

其實職棒運動本來就是一種商業行為，再加上當年中職聯盟的制度尚未健全，對許多選手來說，打球本來就是工作，自然而然會將薪資列入考量，只是在當時的氛圍來說，不太能接受球員跳槽到另一個聯盟，加上當時職棒受到簽賭案影響，自一九九六年後進場人數就一直降低，而那魯灣聯盟挖角事件也影響到中職進場的人數。

一九九九年與二〇〇〇年，中職的進場人數跌到谷底。二〇〇〇年的平均進場人數只有一六七六人，可以說是職棒人氣最低迷的時刻……

07

職棒低潮中締造第二次三連霸

中職聯盟在經歷台灣大聯盟成立、許多選手被挖角、時報鷹打假球事件之後，每場進場人數可以說是雪崩式下滑，甚至平均每場只有一千六百多人。當時的兄弟象成績也不太好，很多明星球員被挖角到台灣大聯盟，球隊整體體質不佳，成績幾乎都在後段班遊走。

二〇〇一年，兄弟象開季不被看好，但在季初時，選進了打擊優秀的彭政閔，而林易增此時決定引退，順勢接任總教練。

這一年的上半球季，二代象的拚勁讓球隊成績稍有成長，而陳致遠在下半球季的加入，可以說是讓兄弟象打擊陣容更堅強。投手群的表現讓兄弟象擁有不少優勢，例如養父鐵當年寫下許多好成績、綽號「肉蕭」的蕭任汶表現也相當犀利，甚至創下防禦率一・四〇這難以突破的紀錄。

下半球季在打擊與投手都有所發揮的情況下，兄弟象終於又拿到睽違許久的下半球季冠軍。

從不被看好到逆轉勝

這一年的總冠軍賽打得很刺激。兄弟象其實在總冠軍賽前不被看好，畢竟統一獅陣容堅強，面對兄弟象顯得經驗更豐富，許多人都預測統一獅會順利拿下當年度總冠軍。

總冠軍賽的第一場，兄弟象派出當家投手養父鐵先發，主投八局，徹底封鎖了統一獅的打線，最終以十一比一取得第一場勝利。不過接下來連輸三場，統一獅直接聽牌，兄弟象根本沒有後路。這時多數球迷也認為統一獅就要封王了。

萬萬沒想到的是，接下來的比賽，兄弟象展現出驚人韌性，養父鐵在整個系列賽扛下了許多關鍵時刻。

總冠軍賽第五戰，養父鐵再度先發，投了十局，同時靠著獅隊的失誤拿下第二場勝利。總冠軍賽第六場，雖然一路跟統一激戰到九局，九局下時，蕭任汶已經壓制不住，讓統一獅追回兩分，在情勢緊張可能被逆轉的情況下，再度派了兩天前才先發的養父鐵上場救援，守住了勝利。

當年很多人都無法相信兄弟象可以將總冠軍系列戰拉到第七場，這一場兄弟雖然率先得分，但統一也追得很緊。兄弟在第七局面對失分危機時，派出前一天救援成功的養父鐵上場，根本是在燃燒手臂。沒想到，養父鐵這場又完成了任務，讓兄弟象在原本一勝三敗、無路可退的情況下逆轉封王，跌破大家的眼鏡。

以十足戰力前進三連霸

二〇〇二年，教練團和球員的陣容沒太多異動，兄弟象挾帶著總冠軍的氣勢，這一年球季打得相當順手。雖然養父鐵這年就被挖回日本職棒，但加入的中込伸及回鍋的風神，依然讓球隊的投手戰力充足。

二代象的成員們，前一年經歷過逆轉勝的總冠軍賽，這一年整個心態更加穩健且更有自信，靠著陳致遠和彭政閔穩定的打擊火力，加上蔡豐安，這三人幾乎穩定排在先發第三、四、五棒，成為讓其他隊投手都很傷腦筋的中心打線，「黃金三劍客」的名號也是從這時候開始。

這一年，兄弟象上下球季都拿下冠軍，在總冠軍賽直接保送一勝，也就是說，兄弟象只要打贏三場就能奪冠。不負眾望的，兄弟象以直落三的勝利拿下年度總冠軍，完成二連霸，完全沒有給對手中信鯨機會。

二〇〇三年，原來的台灣大聯盟球隊和中華職棒聯盟合併。這一年，除了原本的統一獅、兄弟象、興農牛和中信鯨外，還有從台灣大聯盟合併過來的第一金剛與誠泰太陽。

兄弟象這一年的陣容調整一樣不大，但一開季就出師不利，在三月的例行賽總共進行十四場比賽，居然只打贏三場，一場和局，輸了十場，成績真的難看到不行。

本來已經離隊的風神又被召回，繼續扛下先發投手的重任，再加上吳俊億後續愈投愈穩，兄弟象在上半球季才擺脫了墊底的命運。

不過，兄弟象在這年的打擊表現依然不俗。彭政閔自己就包辦了五月、七月和九月的單月MVP，六月的打擊MVP則是陳致遠，也就是七個月的例行賽，兄弟象就占了四個月的打擊MVP。

這一年上半球季，兄弟象打得很辛苦，後面即使苦追，也只是上半季排行第三，但是到了下半季，兄弟象愈打愈好，攻守戰力都可以說是達到相當顛峰的狀態。兄弟象拿下下半球季冠軍時，勝率高達〇・七六六，而這個半季封王的勝率紀錄，至今仍高懸難以打破。

這一年的總冠軍賽，對手是興農牛。兄弟象在前四戰已經取得了三場勝利，只剩下一場就能封王，但是第五場賽事未能守住，被曾華偉擊出再見安打輸掉比賽。

第六場在天母棒球場。很多象迷為了進場，早在前一戰高雄澄清湖的比賽後，就陸續到天母棒球場漏夜排隊等買票，當然也有很多人透過各種關係向球團索票。球票當天開賣後沒多久就宣布售完，現場排隊很久的球迷不滿的情緒高漲，幾乎到了失控狀態，甚至還有人叫囂打架，連警察都到了現場維持秩序。

有球迷失控打破售票口玻璃，當時負責行銷的汪旭光先生面對現場鼓譟的球迷，只能親自站上前線向球迷致歉，卻仍然被許多沒買到票的球迷怒罵和丟雞蛋，承受不住壓力的他忍不住淚流滿面。

後來球團臨時在天母球場外架設了大型螢幕轉播球賽，讓沒買到票進場的球迷可以在場外一起觀看，才暫時平息球迷怒火。

這場比賽，興農牛在第四局先拿下三分，兄弟象在第五局追回兩分，第六局再得一分平手，一直打到延長賽第十局下，靠著蔡豐安的再見安打贏得比賽，兄弟再一次拿下總冠軍，也完成了球隊史上的第二次三連霸！

至於三連霸有多難呢？

目前聯盟達成三連霸的球隊總共有四個：兄弟象（一九九二至一九九四年、二〇〇一至二〇〇三年）、味全龍（一九九七至一九九九年）、統一獅（二〇〇七至二〇〇九年）、Lamigo桃猿（二〇一七至二〇一九年），其中只有兄弟象締造了兩次三連霸王朝。

08 那些漏踩壘包的兄弟們

有時候和朋友聊起過去兄弟的一些經典戰役時，有些「意外」反而很常提起，例如「漏踩壘包」事件。你知道兄弟有哪些漏踩壘包的比賽嗎？

帝波，是中華職棒成立後第一波來台的洋將，在兄弟隊總共待了六年。帝波的長打能力和腳程，都是象迷心中最優秀的外野手之一，而帝波的漏踩壘包事件更是發展成蛋洗台北市立棒球場的大新聞。

從漏踩壘包到蛋洗球場

一九九四年八月二十六日，「龍象大戰」連續三場在台北市立棒球場進行，兩隊球迷劍拔弩張。兄弟象在第一戰輸給了味全，因此八月二十七日的第二場，兄弟象當然很想拿下勝利。

第二場比賽由兄弟象在一局下率先得分，沒想到味全龍在五上逆轉，兄弟象在五下又將比數追平。八局上，味全龍再度取得領先，兄弟象於八下追回一分，但比數仍然落後。

九局下半，第七棒洪一中及代打第八棒的帝波接連擊出安打，上了一、二壘，下一棒代打王俊郎雖然被封殺，但洪一中與帝波已經推進到二、三壘，兄弟象雖落後兩分，不過只要適時出現一支安打，比數很有機會追平。

滿場的象迷開始鼓譟，這時上場打擊的林易增將球擊出，是一支右外野安打。洪一中跑回兄弟象的第五分，帝波也繞過三壘往本壘想搶下第六分。

就在此時，右外野的球回傳捕手陳金茂，帝波直接越過捕手想踩壘得分。陳金茂經隊友提醒，上前觸殺了帝波，這時主審李柏河判決出局，比賽結束，兄弟象又輸給味全龍。

這時洪一中與帝波都激動的拉著主審去檢視本壘板上的土痕，兄弟象的總教練山根俊英也有上前抗議，都不被主審李柏河接受。現場象迷開始丟擲東西進球場，外野甚至有球迷把紙箱點火後丟入場內，場面一度混亂。

即便聯盟在八月二十八日針對漏踩壘包事件作出聲明，表示帝波閃過陳金茂防守通過本壘時，主審當下已經發現帝波並未踩到本壘，主審並未做出安全進壘或出局的判決，而是等到陳金茂回頭經隊友提醒回頭觸殺帝波，主審才做出出局的手勢，因此仍維持原來判決。這樣的聲明當然不被象迷接受，於是象迷計畫要在隔天的比賽蛋洗球場，以示抗議。

八月二十八日，許多象迷攜帶雞蛋和冥紙進場，因為連輸兩場，象迷的情緒激動難耐，即使兄弟象領隊洪瑞河也在現場試圖安撫球迷，但比賽一開打，台北市立棒球場三壘側依然雞蛋與冥紙齊飛，為了清理場地，只好延後比賽。八月份的天氣相當炎熱，可想而知，這些雞蛋在經太陽曝曬後，氣味不會太好聞，即使過了幾天，球場上還是能聞到蛋臭味。

八月三十一日，兄弟象和三商虎在台北市立棒球場進行比賽時，三商虎的林仲秋進場就說：「好臭！」而兄弟象的王光輝還說：「我們雖然沒有巨蛋球場，但我們的球場已經有蛋味。」

沒有巨蛋，先有臭蛋，現在看這段過往也是頗令人莞爾。

因漏踩壘包丟了全壘打

關於漏踩壘包還有另一個難忘的案例，就是許基宏的漏踩壘包事件。

二〇一五年六月十一日，中信兄弟在新莊球場出戰義大犀牛。二局下半，許基宏擊出陽春全壘打，沒想到回本壘時腳步跨太大，沒注意到自己並未踩到本壘。跨過本壘的許基宏一邊跟自己的隊友擊掌，而義大犀牛捕手鄭達鴻與主審楊崇煇都發現他沒有踩到壘包，且鄭達鴻也發現楊崇煇沒有做出安全回壘的手勢，因此提出裁決。最後許基宏被判出局，成為中華職棒第一位擊出全壘打但漏踩本壘的球員。

「本壘這麼大，怎麼可能踩不到？」這是捕手鄭達鴻的困惑。我相信許基宏自己應該也滿懊惱居然沒踩到本壘，全壘打也沒了。

儘管當時網路上依然有檢討許基宏的聲浪，但和多年前丟擲點火的紙箱與蛋洗球場的舉動比起來，相對溫和了許多。

除了上面兩次漏踩本壘壘包的經典案例外，兄弟象也有幾次因為踩壘不確實而引發爭議。

其他踩壘不確定的事件

二〇一八年七月十三日，中信兄弟作客桃園球場與Lamigo桃猿對戰。六局上，恰哥彭政閔擊出左外野二壘安打，Lamigo提出裁決，改判彭政閔出局。當時總教練史奈德有提出電視輔助判決，但因為不在規則中而被拒絕。後續重複檢視了彭政閔繞壘的畫面，坦白說，因為角度關係，壘包遮擋了部分視線，是不是有踩到壘包真的只有打者本人知道，而恰哥事後回想也提到，當時壘包周圍的土壤較鬆軟，繞壘過程中有點打滑，沒能確實踩好壘包，但釘鞋的確有觸碰到壘包的感覺。

二〇一九年十月十七日，台灣大賽的象猿爭霸第五戰，中信兄弟第一局就狂掉九分。三局下，王威晨擊出深遠的二壘安打，但被眼尖的一壘手陳俊秀發現王威晨沒踩到壘包，因此球傳回一壘後促請裁決，判定王威晨出局。中信兄弟教練團雖然提出申訴抗議，但依然維持原判。這場比賽Lamigo以大比分的二十比三擊退中信兄弟，並拋下藍色總冠軍彩帶。

寫到這，回頭看了這麼多影片回顧當年，帝波漏踩壘包的影片我一看再看，因為我的目光都落在當年的洪一中身上，洪總抗議的表情與動作，真的是多年都沒變！

09 那些單場三響砲的兄弟們

前一陣子在看我之前的書稿時，發現曾經提到隊史第一位打出三響砲*的是奧力偉。這引起我的好奇，於是我把中華職棒三響砲紀錄都查了一遍。

從一九九〇年到二〇二四年，中華職棒季賽、季後挑戰賽與總冠軍賽總共有三十五支三響砲紀錄，你知道哪個球隊打了最多三響砲？又是幾支呢？是兄弟，總計十二支，已經占了職棒三響砲紀錄的三分之一！

首位三響砲的打者

兄弟隊史首位三響砲的打者是洋將奧力偉。奧力偉其實來台灣打球只有短短一年，但出色的打擊能力與超狂的成績，依然讓象迷很難忘記。

一九九七年，兄弟象幾位主力跳槽到台灣大聯盟，而原本表現不俗的洋將路易士、葛雷諾也分別被日本讀賣巨人與台灣大聯盟挖角，因此球隊在洋將的補強方面費了不少心思。當年德伍、奧力偉加入兄弟象，讓兄弟象的打擊火力仍維持在一定的水準。

奧力偉的火力有多可怕？我們盤點這一年他所留下的打擊紀錄：單季最多單場三響砲（兩場）、單場最多打點（十一分）、連五場有全壘打紀錄（後來被布雷打破），出賽七十八場繳出打擊率○・三一一、上壘率○・三九五、長打率○・六二六、全壘打二十五支、打點八十一分。

可惜的是，當年的全壘打和打點他都排名聯盟第二，無緣個人獎。

奧力偉的第一場三響砲，是在一九九七年五月十六日，兄弟隊於屏東球場對戰統一獅。奧力偉從吳俊良與馬漢手中打出了三支全壘打，而這場比賽兩隊共用了九位投手，在替換投手及因為觸身球的暫停時間較多，整個比賽打了四小時十八分，而單場三響砲的奧力偉也獲選為該場的MVP。

一九九七年九月一日，兄弟在新竹球場對戰時報鷹，奧力偉分別從謝佳

＊「三響砲」是棒球圈的慣用語，指一名打者在一場比賽中擊出了三支全壘打。

訓、劉明吉、蔡重光手中打出全壘打。兄弟象最後以二十三比零大勝時報鷹隊，奧力偉一人就包辦十一個打點，幾乎一半的分數都是奧力偉打下的。

整場比賽，兄弟象輸出了二十六支安打（包含奧力偉的三響砲），猛烈的砲火讓時報鷹洋將在守備時忍不住碎念：「爛透了！」就連場邊聯盟工作人員都想幫時報鷹丟下白毛巾投降，可見戰況多麼慘烈。

奧力偉在這場比賽再度有了三響砲的表現，不僅為自己再拿下一座單場MVP，也創下單季兩場三響砲的「奧力偉障礙」，至今難以突破。令人惋惜的是，奧力偉後來貌似因個人適應問題沒有跟兄弟象續約，一九九七年底就因車禍喪生，年僅二十六歲。

有兩次三響砲紀錄的恰哥

隊史另一位有兩次三響砲紀錄的，就是恰哥彭政閔了。

雖然不是單季兩場三響砲，但能打出兩次三響砲也相當不容易。光是要打出全壘打就很不簡單了，還要單場將球扛出牆外三次，這是多麼難的事，而恰哥卻因此在隊史上留名兩次。

彭政閔第一次的單場三響砲是在二〇〇二年七月十九日，兄弟象在台中棒球場對戰興農牛。這場比賽的興農上場投手有楊仁明、蔡重光、郭耀文，都被彭政閔打出了全壘打，最終，兄弟象以六比零痛宰興農牛，彭政閔也獲選單場MVP。

彭政閔的第二次單場三響砲就讓人更熱血沸騰了，因為這是目前中華職棒史上季後賽首度出現的單場三響砲。

二〇〇八年十月十七日是季後挑戰賽第一場，兄弟象在澄清湖球場迎戰La New熊，兩支球隊為了爭取進入總冠軍賽，無不卯足全力。彭政閔為先發第四棒，一局上就率先開轟，三局上、五局上，連續三個打席都打出全壘打，La New熊隊被砲轟得毫無招架之力，現場球迷與兄弟隊的隊友都為之瘋狂，火星恰的棒子果真不是蓋的！

除了上面介紹的奧力偉與彭政閔外，兄弟象隊的一號重砲陳子豪與蜘蛛人張志豪，都分別貢獻了兩次單場三響砲的紀錄，也就是總計十二次的三響砲，這四個人就貢獻了八次，兄弟象果然打擊威力始終不容小覷，而很榮幸的，我也是那十二分之一。二〇一八年八月二日，兄弟象迎戰Lamigo桃猿隊，我分別從林樺慶、黃偉晟、林國裕手中擊出全壘打。這不僅是我生涯第一次單場三響砲，也是中華職棒最年長的選手單場三支全壘打的紀錄。

兄弟隊史的三響砲紀錄

日期	姓名	對戰球隊	球場	備註
1997/5/16	奧力偉	統一獅	屏東	
1997/9/11	奧力偉	時報鷹	新竹	首位單季兩次三響砲 單場11打點破紀錄
2002/7/19	彭政閔	興農牛	台中	
2008/10/17	彭政閔	La New熊	澄清湖	季後挑戰賽 首度連三打席全壘打
2016/10/25	林智勝	義大犀牛	桃園	總冠軍賽 首度連三打席全壘打
2017/4/30	陳子豪	統一獅	洲際	中職最年輕達成單場三響砲
2017/5/5	曾陶鎔	富邦悍將	澄清湖	
2017/6/20	詹子賢	富邦悍將	新莊	
2018/6/19	張志豪	Lamigo桃猿	桃園	
2018/8/2	周思齊	Lamigo桃猿	桃園	中職最年長達成單場三響砲
2019/7/23	陳子豪	Lamigo桃猿	桃園	
2023/8/8	張志豪	樂天桃猿	桃園	

10 爲了小朋友買下兄弟象

二〇一三年下半季快結束前，網路上開始有人「夢到」、傳言兄弟象想轉手，在這期間，當時的兄弟象領隊洪芸鈴都直接否認任何傳言。

十月十三日，兄弟象下半季的最後一場比賽，主播蔡明里在轉播比賽時說：「今天進場的象迷要好好保留這場票根，這可能會是很值得紀念的紀念品。」原本只是單純的球隊年度最後一場賽事，卻因為主播的話讓許多球迷聯想起之前的網路傳聞。

隔天，兄弟是否要轉賣的新聞陸續曝光。雖然當天賽後，兄弟象的領隊洪芸鈴表示球團依然正常運作，但話語中已經透露出跡象：「我們希望繼續經營下去，如果有其他企業有心加入，也很歡迎。」

易主與轉賣

沒多久，兄弟象在十月十九日召開記者會。當天洪瑞河與領隊洪芸鈴表示，確定將轉賣兄弟象，畢竟兄弟象是當時球團資本額最小的經營團隊，在僅依賴飯店的資本經營球隊，面臨年年虧損的情況，球隊已經堅持很久了，是不可承受之重。

兄弟象宣布轉賣後，有不少企業表達意願，包含麗寶集團和殯葬業的龍巖集團都有表示。許多球迷也點名，希望職棒創辦初期原本與洪騰勝一起成立「職業棒球推動委員會」的長榮企業買下兄弟象。

當時這些過程，其實兄弟象的球員們都不清楚哪些企業有來談過，也不知道球隊的轉賣是否順利，大家和球迷一樣每天都在關注這些新聞。

同年十二月十三日，兄弟象與中信金控一起召開記者會，宣布兄弟象以四億元價格轉賣給中國信託銀行贊助的華翼育樂公司。當天新聞曝光後，引起了許多討論。

有富爸爸買下兄弟象，對部分象迷來說也許樂觀其成，但也有球迷擔憂後續新的經營團隊會保留多少兄弟的元素？隊名會不會有大幅度更改？畢竟中信金控過去曾有過一支職棒球隊「中信鯨」，對象迷來說，如果「兄弟」與「象」不再存在，那就不是曾經的兄弟象了。

從兄弟象到中信兄弟

二〇一四年一月五日，中信金控正式宣布隊名為「中信兄弟」，吉祥物依然是大象，球隊的代表色為黃色。

對許多象迷來說，許多兄弟隊的元素仍被保留，接下來有新的經營團隊與新的開始，多數人都在觀望與期待。而中信金控願意投入大筆經費來經營球隊，其中的關鍵人物就是辜仲諒。

辜仲諒非常喜歡棒球，而中國信託慈善基金會關心基層棒球的「愛接棒」計畫也執行多年，成效相當好，許多偏鄉基層棒球隊受到中信慈善基金會的幫助，得以順利運作。

當時，在兄弟象轉賣的消息曝光後，有不少棒球隊的小朋友寫信給辜仲諒，希望辜董能幫忙不要讓兄弟象消失。小朋友們說他們太喜歡棒球，喜歡兄弟象，棒球是他們生活的慰藉，如果兄弟象找不到買家，那麼職棒可能會只剩下三隊而無法繼續比賽，這讓小朋友們非常擔心。

辜董收到許多小朋友的請託信後，相當激動，因為一樣深愛棒球的他，完全能夠感受到喜歡的球隊即將消失的心情，他知道這些孩子們的渴望。身為慈善基金會大家長的辜董，不想讓這些深愛棒球的孩子們失望，因此決定買下兄弟象。

在兄弟轉賣的這段過程，剛好我也符合了自由球員的資格。二〇一三年十一月初，我申請了自由球員宣告，這時候兄弟象由誰接手都還不確定，我自己也很期待下一張合約會在哪個球隊。

到了十二月，確定由中信金控接手兄弟象後，跟球隊的合約溝通終於因為確定了新老闆而開始比較積極的討論。這之間當然也有其他球隊向經紀人開價，但整個過程中，我感受到中信對這支球隊的期待與積極度。

當時的顧問馮寄台對於新球隊要展現正向態度相當的積極，而跟新球隊談合約的過程中，我感受到他們對我的重視。經過許多考量後，我決定跟中信兄弟簽下新的合約。

二〇一四年春訓，在馮寄台顧問的指定下，我接下了隊長的重責大任。還記得春訓那天，站在龍潭球場，雖然還穿著兄弟的衣服，雖然球隊的老闆已經換人了，但我相信不只是我，許多學長、學弟都和我一樣感受到了不同的氛圍，對於新的一年充滿著期待。

一晃眼，中信接下兄弟象也有十年了。我想這幾年來，球迷對於球團的積極經營付出也很有感，包含在屏東有了令其他球隊相當稱羨的二軍基地，也將主場移到台中，整個球隊經營得有聲有色。

當時的我也沒想到，在兄弟象轉賣之後，我又度過了另一個十年的球員生涯，真是時光飛逝哪！

11

七年六亞，換來安心亞

中信在二〇一四年正式接手球隊後，幾乎年年都打進總冠軍賽，卻也年年鎩羽而歸，年年亞軍。從二〇一四年到二〇二〇年這七年間，中信兄弟總共打入總冠軍賽六次，而這六次通通未能拿下冠軍。

於是這七年六亞，也讓許多球迷戲稱兄弟隊是「安心亞」。

擔任隊長的戰績壓力

二〇一四這年，我剛簽下新合約，同時擔任球隊隊長。這一年上半球季的戰績無比悽慘，中信兄弟打了六十場比賽，才拿下十九場勝利，勝率低到只剩下〇・三二二。

許多球迷原本期待球隊有了新東家能有一番新氣象，因此冒出不少失望的聲音，當然包含我自己在這上半季沒有表現得太好，「薪水小偷」、「小倫」、「甩」、「甩恩齋」的綽號也是從這年開始的。

還好到了下半球季，中信兄弟急起直追，總算拋下了下半球季冠軍的彩帶，打進總冠軍賽。這一年球隊整體的打擊狀況不太好，總冠軍系列賽的失誤也不少。系列賽一開打，中信兄弟就連敗三場，第四場雖然止血拿下一勝，但第五場的比賽還是無法拿下，於是讓 Lamigo 以四勝一敗的戰績拿下總冠軍。

二〇一五年上半季，雖然中信兄弟打得也不算好，但下半季還是力拚到季冠軍（兄弟專打下半季！），球隊繼續闖進總冠軍賽。

這年的總冠軍賽雖然第一場輸了，但接下來連勝三場，整個士氣都被拉上來；當時真的覺得距離目標只剩一步之遙，再努力一點就能奪冠。

萬萬沒想到，後面幾場比賽不僅無法拿下勝利，第七場甚至被Lamigo完封，我們連一支安打都沒有。這年的系列賽就被 Lamigo 逆轉拿下冠軍。

那天，看著場邊失望的象迷，我自己也覺得很沮喪，真的很想為球隊再拿下一個總冠軍。

不只三連霸，還多了三連亞

二〇一六年，球隊認真布局總冠軍，因此季初除了原有的教練團之外，還延攬了外籍教練，包含客座的克魯茲、馬蓋瑞等等，就是希望強化整體戰力。就在這一年，林智勝與鄭達鴻加入球隊，為打線增加不少火力，果然中信兄弟就贏得上半季冠軍，而這年的總冠軍賽對手是義大犀牛。

義大犀牛在這一年的季中就宣布，因為球隊戰績不佳，加上集團投入大量資源後不符合預期成效，決定轉賣球隊。義大犀牛原本在上半球季墊底，下半球季拿下季冠軍後，許多人仍不看好義大犀牛能在與中信兄弟的總冠軍系列戰勝出。

令人想不到的是，中信兄弟在總冠軍系列戰連勝兩場，之後卻全敗。這一年，義大犀牛拿下了總冠軍。

兄弟已經連續三年打進總冠軍賽，也連三年亞軍了。我其實不太記得「安心亞」這樣的嘲諷詞是哪時開始出現的，但可以確定的是，兄弟真的不只拿過三連霸，還多了三連亞……。

二〇一七年，球隊將教練團改組，總教練由外籍的史奈德擔任。這年中信兄弟戰績不佳，甚至下半球季還墊底，但因為Lamigo上、下球季都是冠軍，因此全年度戰績排第二和第三的統一7-11獅與中信兄弟，就有了季後挑戰賽的機會。中信兄弟在五戰三勝的季後挑戰賽中以三勝一敗勝出，連續第四年打入總冠軍賽。

這一年，Lamigo已取得保底一勝的優勢，雖然系列戰開打後，中信兄弟拿下第一場勝利，但後面三場連敗給Lamigo，又無緣冠軍了。

二〇一八年，中信兄弟與總冠軍賽無緣。二〇一九年、二〇二〇年都打入了總冠軍賽；二〇一九年在第二場拿下勝利外，第一場、第三到第五場，兄弟都沒能贏球，眼睜睜看著Lamigo完成三連霸的壯舉。

這幾年Lamigo球隊整體的體質很好，是一支不好對付的球隊。中信兄弟從二〇一四年到二〇一九年總共打進五次總冠軍賽，其中有四次的對手是Lamigo，可以說是宿敵哪！

打破七年六亞的魔咒

二〇二〇年，中信兄弟又闖進總冠軍賽。

說真的，打了這麼多次總冠軍賽，卻沒有一次拿下冠軍，那種期待與失望的落差感真的愈來愈大，我感覺得到學弟們的壓力也不斷累積，六年五亞，讓大家的得失心都太重了，無法好好放開去比賽。

雖然第一戰中信兄弟輸了球，但接下來連贏三場，只需要再一個勝利，我們就能封王了。但是統一7-11獅也不放棄，接下來兩場都拿下勝利，氣勢正高昂。當時統一獅在上壘後有揮臂飛舞、代表「起飛」的激勵動作，於是我帶著學弟做出「射鳥」的動作反制，雖然最後還是與冠軍失之交臂。

七年六亞，對很多球迷來說是不堪的紀錄，但換個角度看，這是另一個很不簡單的紀錄，因為這代表球隊幾乎年年闖進總冠軍賽，實力堅強。雖然能理解總冠軍對團隊與球迷來說有多重要，但我倒也不會因此看輕球隊和球員們，能夠年年打入總冠軍賽，真的已經是相當了不起的事。

二〇二一年，中信兄弟主場開幕戰，邀請了「安心亞」來開球。我覺得這個話題真的做得很有意思，與其一直低潮且難過球隊這麼多年沒拿到總冠軍，不如換個角度來看見我們其實是個實力很堅強的強隊。

而這一年，我們終於不負眾望的突破了「安心亞」魔咒。

從二〇一四到二〇二二年，總共九年的時間，中信兄弟就打了八次總冠軍賽，拿到了六亞、二冠。儘管前面六亞被戲稱為「安心亞」，但不可否認的是，中信兄弟的賽季就是比較長，幾乎每年都要打總冠軍賽。

我覺得身為兄弟的球迷也很幸福，因為你們的球季時間比其他球隊的球迷更長哪！

12

將你我圈在一起的象圈圈

如果要我提一個在球隊時我很喜歡、記憶也深刻的事，應該就是二〇二〇年的「象圈圈」了。我想很多球迷對於我們賽前一圈一圈的記憶應該還印象深刻。

這一年球隊的隊長是林智勝，但開季打不到一個月，林智勝就在四月二十六日對富邦悍將的比賽中，造成左手食指與中指骨折，於是教練團先將他下放二軍養傷，我就成為代理隊長。

球季剛開打一個月，最終成績如何還是未知數，但也因為第一個月，中信兄弟輸掉的比賽比打贏的還多，許多鍵盤教練早就等不及的進行各項鍵盤分析與檢討；加上隊長智勝受傷下二軍，我偶爾會感覺到學弟們似乎有點像洩了氣的氣球，少了些積極感，球隊整體的信心都不夠，氣氛很低迷。

明明才剛開季，怎麼感覺好像是已經輸了好幾個月比賽的球隊？

用象圈圈凝聚向心力

如何凝聚大家的向心力與士氣，成為我的第一個挑戰。對我來說，勝敗乃兵家常事，但如果心態上已經先放棄自己、自我認輸，就不是件好事了。

我其實很喜歡聽人說話，覺得透過積極的說話、互動、對談，才有助於梳理自己與他人的情緒，了解彼此的人格特質，而彼此有熟悉感、互相了解且默契足夠，整個團隊的工作氣氛才會好，才會順暢。因此我一直很鼓勵同仁在工作之餘能多多跟我聊天、互動。

我覺得在球隊也是一樣，即便我們一群人幾乎每天膩在一起，但不等於溝通、互動或了解的時間也多。那時我和志豪就想到可以在賽前將大家集合起來，圍成圈。過去是隊長或資深學長會向學弟們耳提面命，現在我則將這個主導權交給每位選手。

為什麼叫做「象圈圈」？大象是群居動物，母象生產時，大象們會圍著母象與剛出生的小象，保護小象不被其他動物攻擊。因此，象圈圈也象徵著老兄弟帶著小兄弟們一起往前闖的傳承與精神。每一次圍象圈圈，都會排定一個選手來跟大家分享一個主題，主題不限，各種內容或形式都好，也可以與棒球無關，重點是透過這樣的分享過程，讓彼此更有凝聚力，也能同時訓練思考力和組織力。

很有趣的是，從圍圈圈的過程中真的可以看到很多事情。想想看，球場的環境在當下都相當熱鬧，已經有很多球迷進場，場邊活動也在進行中，應援團的小白、大昌兩位各守在自己的崗位上開始播放音樂，為整個球賽開打暖場。在這麼歡樂、吵雜的環境下，會看到一群選手在外野圍著圈圈，專注的分享自己想分享的，也專注聽著隊友分享的，即便這個分享內容只是一則笑話，卻也是學弟們精挑細選、思考很久的笑話。

大家看影片時可能會覺得講個故事、說個笑話似乎很簡單，但如果我突然點名要你向大家分享些什麼，多數人可能會腦袋一片空白，或是說出來的內容不好理解。

一種特別的互動模式

有意思的是，因為這個圈圈開始進行，大家的互動默默的變多了！有時會看到有學弟互相討論下次可以講些什麼，也可以感受到有些人很輕鬆的看待圈圈，也有人早早就準備好話題，隨時可以接招分享。

透過圈圈，我也發現了有些人個性活潑，是明顯的E人（外向型）；也有些人會比較中規中矩的傳遞自己的想法。

因為我是圈圈的發起人之一，每次圍圈圈，我都會準備一個主題跟大家分享，也會看著每次的互動狀況思考下一個圈圈可以說什麼。我開始很期待聽到學弟們跟大家分享的事，也期待每一次的圈圈。對我來說，每一個圈圈都會有個新的故事、新的啟發，或是讓我對這些學弟們有了新的認識。

這年的上半球季，原本季初打得差強人意，沒想到後續愈打愈好，最後還拿了季冠軍。有許多人認為是圈圈帶給學弟們很多正向影響力與凝聚力，讓球隊走出低潮。有學弟曾經回饋提到，透過圈圈的活動能讓賽前比較緊繃的心情獲得適度舒緩，讓自己的狀態比較放鬆。

你喜歡哪個選手的圈圈呢？

我覺得每個認真分享的圈圈都很棒，我都很喜歡，但有一個讓我印象很深刻，因為我完全猜不出他的下半句。

有一天，剛上一軍沒多久的林明杰很認真的分享「齊心努力，一起邁向總冠軍」的目標時，他突然說：「兄弟齊心……我愛短今！」本以為那會是一句感性的分享，突然接上這句話後，大家都笑開了，真的完全猜不著哪！引退那天，我也把這段趣事拿來問江坤宇，都過了兩年的哏，大家依然笑得很開心，我想這也已經成為中信兄弟專屬的迷因了！

13 再次朝三連霸邁進

在七年六亞這段過程，我一直很看好自己的球隊，畢竟我們幾乎年年都能打進總冠軍賽。雖然好幾次都差那麼臨門一腳，但我知道只要大家都有不放棄的精神，只要細節再留意更多、再多那麼一點點運氣，要拿下一個總冠軍一定是可預期的。

二〇二〇年的總冠軍賽，原本中信兄弟率先取得三勝一敗的優勢，只要再一場勝利就能拿下總冠軍，但誰也沒想到中信兄弟後續連敗三場，把幾乎到手的總冠軍拱手讓給統一獅。

那年年底，球隊也宣布了教練團的異動，原本在二軍帶得有聲有色的二軍總教練林威助，接任一軍總教練。在這之前，中信兄弟已經換了五任總教練，林威助是第六任，由此可以看出球團高層對奪冠的渴望。許多球迷也期待這位治軍嚴厲的總教練能讓我們拿下年年企盼的總冠軍。

七年六亞是個包袱

二〇二一年一開季，球隊氣勢愈打愈順，但是對上富邦悍將總是有點吃力。而我在前一年雖然有不錯的表現，出賽超過百場，但這一年開打後，覺得自己可能在體力恢復及疲勞感消除上需要花更多時間，打擊狀況的確不如前一年。不過學弟們都很拚，衝勁十足，我們在上半季順利拿下冠軍。

二〇二一年下半季，統一7-11獅追得很緊，雖然中信兄弟已經拿下上半季冠軍，球隊壓力似乎可以小一點，但我知道我們不會想放棄任何一場比賽，大家都想拚下半季冠軍，畢竟沒有選手會嫌自己的冠軍太多吧。如果上下半季都拿冠軍，那麼球隊就一定能進入總冠軍賽。

下半球季，中信兄弟和統一7-11獅只有〇．五場勝差，雖然中信兄弟無緣下半季冠軍，但整個團隊氣勢和鬥志都相當高昂。然而，面對「七年六亞」這個魔咒，無形中好像變成了學弟們的某種包袱。

在總冠軍賽正式開打前，幾次球隊練球的過程中，我發現這魔咒的氛圍似乎在團隊中默默散開。我想不僅僅是要面對高層與球迷對奪冠的期待，我們選手本身對於戴上冠軍戒指都有強烈的渴望。

但過去幾年，愈是渴望，失落感就愈大。七年下來，我都覺得不僅球迷有PTSD（創傷性壓力症候群），連球員本人可能都有很多自我懷疑或各種沒把握。我知道，我們缺的不是那股拚勁，也不是能力不足，而是一個「不要把過去的失敗變成心中遺憾」的那種自信。

「我來扛！」我這樣跟學弟們說。

參與過這麼多年的總冠軍賽，每一年都無法順利拋下黃彩帶，無法跟著學弟們在場上噴灑香檳慶祝，這些無法拿下總冠軍的一切責任，都讓我來扛吧！我真心希望這些年輕學弟們不要去看過去的失敗，也不要太在意所謂的魔咒，只要相信自己、拚盡全力，那就夠了。

面對與調整心態之後

這一年的總冠軍賽，我自己的心境不斷在調整與面對。畢竟當時二十八人名單公布後，有不少人質疑：「帶周思齊要幹嘛啦！」「周思齊根本沒什麼用，狀況又糟，帶進去要幹嘛？」「周思齊根本浪費名額。」「周甚至直球都跟不到了。」「甩有打擊技巧？笑死，五年前吧！」網路的鄉民對我來說從來都不客氣，雖然這也是因為我自己當年成績真的不夠優秀。

說沒有壓力是騙人的，雖然一邊要學弟放寬心去打，但面對這一座苦等很久的總冠軍，我也真的很想要很想要哪！我知道自己的狀況不如去年好，再加上受到疫情影響，二〇二一年的賽事打得比想像中還久，身體的疲累感一直在累積。但是在總冠軍賽第二場，當我把球打出全壘打牆之後，我知道不僅球隊的壓力小了點，連我自己都覺得壓力釋放出好一大部分。

這一年，我們勢如破竹連拿下四場勝利，拋下黃彩帶。看著一邊掉淚一邊笑的學弟們，真的很開心也很感謝，謝謝你們帶著學長拿下總冠軍。

二〇二二年的季賽雖然四月才開打，但前一年，大家到十二月才完成全部的賽事，休息的時間比往年還短，很快就投入春訓。感覺得出來，大家的身體還需要些時間來調整。

力拚二連霸

二〇二二年上半球季，我們表現得不太好，追樂天桃猿追得很辛苦。

上半季打完，樂天桃猿是冠軍，而第二名的我們和樂天桃猿還有四・五場勝差。不過到了下半球季，我們愈打愈順，整體狀況調整得比較好一些。當然除了要拿下下半球季冠軍，還有一個最重要的目標是「勝率」。

這一年賽制有點微調，上下半季冠軍隊需要比較年度勝率，勝率高才能打總冠軍賽，勝率低的季冠軍需要打挑戰賽才能確定是否有總冠軍賽資格。因此，雖然中信兄弟下半球季狀況不錯，但我們的目標是贏下更多勝利。

下半季我們苦苦追趕，但上半季和樂天桃猿的勝差比較大，最後還是得跟勝率第三名的味全龍打挑戰賽。對於想要力拚二連霸的我們來說，真的是又多走了一哩路。

當時有部分球迷認為，樂天桃猿在備戰總冠軍賽方面有比較多優勢，畢竟不用打挑戰賽，相對有比較充裕的時間進行休息與調整。而面對味全龍來勢洶洶，我們以三勝一敗（中信兄弟是下半季冠軍，所以保送了一勝）的成績進入總冠軍賽，中間幾乎沒時間休息，但想要二連霸的氣勢相當強烈。

這一年的二十八人名單中沒有我，多少有點遺憾，畢竟自己也很想跟學

弟們一起拚二連霸，但是我很清楚，沒有我在名單內，代表著現在的學弟能力愈來愈強，我這個資深男孩也開始要轉換心境來幫他們加油了。

想想，這一年我都要四十一歲了，雖然自己的能力可能無法在這短期的賽事幫上球隊更多忙，但能跟著學弟們去打仗，我也覺得很開心，希望過去的經驗能幫助到他們。

這一年，學弟們很努力的拿到了總冠軍賽的門票，和前一年一樣以四連勝的姿態氣走了被很多人看好的樂天桃猿，拿下年度總冠軍。雖然我當年沒能站在總冠軍的賽場上，但真心替學弟們開心，而且我甚至開始有個畫面：「也許，我們能夠再次創下三連霸哪！」

兄弟，已經很久沒有三連霸了，如果在我退休之前能夠達到這個目標，那肯定超級帥氣、超棒的！

雖然，目前這個三連霸的夢想最終沒能達成，但這兩年對我來說，已經是相當值得回憶的時光了，謝謝，我的兄弟們！

PART 2

與兄弟一起的應援

兄弟冠軍象，榮耀歸球迷。

兄弟象迷，相知相惜在一起。

14

帶動內野熱情的光輝組

職棒聯盟成立初期，很多球迷都為了棒球相當瘋狂，畢竟這是台灣第一個職業運動，而且台灣在之前的國際賽一直有很優異的表現，當這些人在職棒成立後成為職棒隊員，順勢帶起了一波球迷追星的熱潮。

而球隊、選手與球迷之間的距離並沒有這麼壁壘分明，甚至球隊有許多場邊事項需要人手協助，因此熱情的球迷自然而然產生了一些組織，號召同好進場為自己喜歡的球隊與選手加油。

球迷自發性的創立組織

兄弟象球團在職棒初期先與台北、新竹、台南和高雄啦啦隊的成員有較密切的合作關係。這些看似有官方啦啦隊色彩的團體，其實是屬於球迷自發性的無給職組織。

除了這些啦啦隊外，也陸續有球員個人的組織出現，例如光輝組、飛刀組、紅中組、鋼砲組……等等，每個組織都有自己擁護的球員，也都發展了自己獨特的應援方式或特色。

職棒元年，許多選手都和球迷有不少互動，私底下還會一起吃宵夜、聊天，這樣的互動方式以現在來說幾乎不可能。當時每個選手和球迷之間就如同朋友般沒什麼距離，球員與球迷之間的情感連結也相當深厚。

當時有位許成隆先生，在職棒創立後，某天進場看了兄弟象的比賽，感受到現場球迷的熱情，對於棒球場的氛圍相當喜歡，從此迷上了看棒球這件事。在棒球場上激動的吶喊、為球隊加油、為選手加油，都讓許成隆在現場整個大解放。他認為看球就該如此投入，在現場就是需要這樣大聲吶喊，才能讓場上的選手受到鼓勵。漸漸的，他在內野加油的聲量也影響了許多現場球迷，甚至後來大家會跟著許成隆的帶動一起喊聲。

愈來愈多人在內野的一壘側會跟著許成隆的口號一場一場嘶吼著，這樣的畫面被許成隆的老闆透過球賽轉播看到。老闆覺得相當不可思議，畢竟平時看起來憨厚安靜的許成隆，想不到在比賽現場居然有帶動上千位球迷一起應援的能力。

王光輝專屬的啦啦隊

因為在場上應援的關係，許成隆也認識了幾位球員，其中王光輝開朗樂觀的個性讓他相當欣賞。職棒元年球季結束後，許成隆在與王光輝的聚會上便提出想組織一個以王光輝為名的啦啦隊，王光輝也認為這是個挺不錯的點子，於是光輝組正式成形。

獲得了王光輝的認可後，許成隆在職棒二年開始招收光輝組的成員。想加入光輝組的球迷，到球場找許成隆或是跟他一起處理光輝組事務的朋友登記入會即可。有趣的是，不是所有想入會的人都可以成為會員，對於比較衝動且不守秩序的球迷，光輝組成員會婉拒。

加入光輝組不需要任何費用，唯一要繳的是自費一件球衣，球衣除了繡上王光輝的背號「26號」、「光輝組」字樣，還要繡上自己的名字。因為許成隆認為每個球迷都需要對自己的行為負責，而身為光輝組的成員更要成為球迷們的榜樣，要有良好的形象。

繡上名字除了可以時時刻刻提醒自己身為象迷、身為光輝組員要以身作則之外，也方便光輝組的成員在球場管理組織成員，如果有爭執需要調解，也很清楚是哪些成員牽涉其中。

光輝組成立後，會員人數持續增加，最多曾高達五百多位成員，甚至有不少球迷是公司同事一起揪團參加，聲勢相當浩大。

場場不缺席的光輝組

光輝組一向標榜溫和、不攻擊選手，甚至還會一起協助維持場邊秩序，有些比較激進的球迷自然而然會去加入其他組織。因此只要球迷提到光輝組，大家的印象就是有禮貌、很理性的球迷組織。

光輝組固定的應援位置在一壘側，許成隆為了讓支持王光輝的球迷能坐在同一區，這樣加油聲才能集中展現氣勢，便主動跟領隊洪瑞河提到，每場比賽需要有門票能讓光輝組成員進場。洪瑞河也認為這些球迷能為兄弟象的比賽帶來很多激勵，能帶動球場氣氛，因此便固定每場預留門票給光輝組成員優先購買。

光輝組成員除了球場的應援場場都到，他們也會舉辦一些聚會讓王光輝與成員間互相交流，培養感情。固定的聚會包含了王光輝的慶生會，季末他們會一起去KTV唱歌或打保齡球。

王光輝親民又沒有架子，這都是讓光輝組成員死心塌地不肯離開的原因之一。至於王光輝的歌聲，雖然他的音都沒在準度上，但誠意十足，現場同歡的球迷都會跟著一起唱得很盡興。

光輝組還有過一個創舉。兄弟象拿下職棒四年（一九九三年）總冠軍時，光輝組主辦慶功宴，邀請全部兄弟象選手與家屬參加，包含當時的副領隊曾紀恩、代總教練山根俊英、全隊球員都一同出席。這場由球迷主辦的慶功宴並邀請選手參加，應該創了中職先例，由此可見當時光輝組的組織動員力相當驚人！

持續不斷的給予應援

而在「黑鷹事件」、「黑熊事件」的假球案*發生後，原本與球迷之間比較沒距離的球員，在球團要求下開始和球迷減少互動，聚餐、私下見面開始受到管制。光輝組當時雖然與王光輝的聚會變少，但在場邊需要應援加油、球團需要人力支援時，依然能看到光輝組成員的身影。

選手不可能在球場上一直維持最好狀態，難免會有低潮時期。光輝組成員在面對王光輝打擊低谷、現場球迷不耐謾罵的時候，還肩負起安撫人心的工作，他們希望球迷能多給選手鼓勵大於責備。

有段時間，王光輝陷入大低潮，光輝組的加油口號就是：「王光輝，我們對你有信心！」後續王光輝的打擊狀況好轉，幫助球隊拿下勝利，他特別將當時那支擊出安打的球棒送給許成隆，這件事情讓許成隆一直很感動。

光輝組的組織成員來來去去，中間經歷中職大低潮，流失了不少球迷。雖然許成隆後續沒有持續增加組員，但對他與所有光輝組成員來說，這個組

＊職棒在一九九六年爆發第一次的簽賭案，當中有黑道介入，涉案人員多為時報鷹球隊成員，因此稱為「黑鷹事件」。二〇〇五年再度發生簽賭事件，其中涉案者多為La New熊隊，稱為「黑熊事件」。

織沒有正式解散過。雖然有聯繫的成員不算多，偶爾還是會在球場上看到一些光輝組成員的影子，有些老成員也會私下聯絡敘敘舊。

而近期把光輝組再集合起來，卻是因為王光輝生病過世。

王光輝的離世，對光輝組成員來說都很難接受，畢竟在他生病前還跟部分光輝組成員保持聯繫。

王光輝是報喜不報憂的性格，在他生病後並沒有向這些成員提過自己的身體狀況，因此在二〇二一年八月三十日他的過世新聞曝光後，許多光輝組成員都陷入沉重悲傷，甚至無法好好工作。在王光輝出殯的那天，許多成員相約去送了他們心中的老大最後一程。

「兄弟一條心，勇奪總冠軍！」這句應援標語就是來自光輝組。即便現在很多組員已經不常進場，但提起兄弟，依然有著滿滿的回憶與感動，並為自己曾經是光輝組的一員感到驕傲。

15 最愛滿場的黃色彩帶

如果問到場邊最讓象迷喜歡、期待的活動是什麼，那麼拋黃色彩帶一定是第一名。

這是代表球隊拿下了冠軍的最榮耀時刻，特別是拿下總冠軍時的黃彩帶，那畫面真的美到讓人無法忘懷。

但你可知道，中職第一個拋彩帶的隊伍是哪支球隊呢？是兄弟象！

在我的工作同仁拜訪多位早期兄弟象各地區後援會成員口中，得知兄弟象在職棒成立初期嘗試了許多場邊活動，其中拋黃彩帶就是在職棒三年正式亮相，讓許多球迷非常驚豔。

拋彩帶的起源

讓黃色彩帶出現在球場的推手，是當時在球團擔任企劃的廖士堯。職棒二年九月，廖士堯轉調到棒球隊擔任企劃工作。根據廖士堯在《黃潮》一書中的回憶，當時為了球場邊的相關活動，邀請了台北啦啦隊成員一起腦力激盪，構思職棒三年兄弟象開幕賽的場邊活動，因為他認為長期待在球場、對棒球有著高度熱情的球迷，也許會有相當多的點子與創意。

台北啦啦隊的成員陳世宗，當時帶了一卷黃色彩帶，這是在文具店都能買到的彩帶卷，在大家的集思廣益下，決定將黃彩帶用釣線串在內野加油區的上方，等比賽結束的時候剪斷釣線，讓黃彩帶像瀑布般落下。當天雖然只準備了五百卷彩帶，但場面已經相當壯觀，也因為這次活動的成功，讓球隊企劃決定將黃彩帶作為職棒三年全年活動的主要道具。

我查了相關資料，這場比賽是在一九九二年三月二十日，由兄弟象對戰三商虎。兄弟象的王牌投手陳義信先發，陳義信在這場比賽以一百球完投完封，氣走三商虎。比賽結束當下，三壘側的球迷拋下了黃色彩帶，這應該是職棒史上第一場拋下彩帶的賽事。

不過根據廖士堯在書中的描述，當天黃色彩帶是掛在加油區上方，要呈現的應該是黃色瀑布，而隔天的《聯合報》報導則是拋彩帶的畫面，所以當天是否拋黃彩帶和黃瀑布並存，就得問問當天在場的球迷了。

印象最深刻的黃彩帶時刻

在我小的時候只能透過轉播、報紙來關注兄弟象的賽事，特別是拿下總冠軍的滿場黃彩帶，更令人嚮往。在成為職棒選手後，我也很期待自己的球隊能拿下總冠軍，拋出自己手中的彩帶。

如果問我整個職棒生涯中，讓我印象最深刻拋下黃彩帶的時刻，那麼一定要提到的是二〇一〇年的總冠軍賽。

兄弟象在二〇〇九年爆發黑象事件後，出賽陣容大失血。當時許多球迷並不看好兄弟象，加上那年興農牛的戰績特別強，不僅拿下了上半球季冠軍，也是全年度戰績排名第一的隊伍。儘管兄弟象當時拿下了下半季冠軍，但許多人對於兄弟象在總冠軍系列賽能否壓制興農牛的強大攻擊，並沒有抱太大的期待。

然而，當年的系列戰，兄弟象以麥格倫、卡斯帝、羅曼登板先發，竟橫掃四場，以四連勝的戰績拿下總冠軍。

印象很深的是總冠軍系列賽第四場比賽（G4），興農牛在一上便攻下第一分，比賽才剛開始就被得分，隊友們難免覺得有點壓力，特別是已經聽牌的我們，希望能在第四戰就封王，避免夜長夢多。一局下，我從興農牛的先發投手班尼手中擊出三分全壘打，這時我自己也感覺到某種壓力的釋放，當下就有種感覺：「也許就是今晚了……」

那天，我們以六比一擊敗興農牛，拿下當年度總冠軍，現場拋下滿場的黃彩帶，心情真是複雜得難以言喻。

二〇〇八年，我因為黑米事件差點失去了職棒舞台，透過特別選秀在二〇〇九年進入了兄弟，沒想到二〇〇九年季末又因為黑象事件，讓球隊差點整個退出職棒。失血太多的兄弟象，在一片不被看好之下，一場一場拿下勝利，最後拿下冠軍。這也是我職棒生涯中的第一個冠軍戒指。

那天，看著滿天飛舞的黃彩帶，我的眼眶溼了，畢竟曾經差點就從職棒舞台登出的我，還有差點要退出職棒的兄弟象，能夠在大家一起努力下，拿下年度總冠軍，彼此分享勝利的榮耀，這一路走來真的太不容易。

不是爲了喝采的彩帶

另外還有一場讓我印象深刻的比賽。

我記得二〇一三年十月十三日，是兄弟象那年球季的最後一場例行賽。那天賽後本該全年的賽事都結束，要開始準備秋訓及休假，但當時的主播蔡明里在轉播時，提到了象迷應該好好保留這場比賽的票根，賽後兄弟象即將轉賣的消息甚囂塵上，就連我們球員也不是很清楚當時球隊的狀況。

同年的十月十九日，兄弟象正式召開記者會宣布轉賣，無疑對球迷與球員來說，是投下了一個極大的震撼彈，可以說是原子彈等級。

為了讓兄弟象好好跟球迷說再見，於是以亞洲職棒大賽熱身賽名義，在十一月九日於桃園國際棒球場與統一獅進行比賽，作為兄弟象的告別賽。

那天，桃園球場湧入滿場觀眾。我第一次看到桃園球場的內野和外野都坐滿了密密麻麻的人，幾乎每個人都身穿黃色球衣，帶著為球員應援的標語。當比賽結束，全場兩萬人一起拋出了黃彩帶。當下的心情，與二〇一〇年那次總冠軍截然不同。

這次的黃彩帶更壯觀，畢竟進場看比賽的每一位都是象迷，似乎也代表著兄弟象這支元老球隊真的要離開中職了。儘管當時還不知道接手球隊的企業會是誰，也沒人知道兄弟象的未來會以什麼樣的面貌存在。

那時拋出的彩帶，不是為了拿下冠軍的喝采，而是為了跟這支球隊說再見。當時，我的心中不禁跟著有所感慨，很謝謝當年相信我、選擇了我的兄弟象，再見了！

16 象迷最大組織之一——麻吉幫（M@CHI）

兄弟象在業餘時期就累積了不少球迷，因此在職棒初期就有了相當雄厚的球迷基礎，每個選手都有自己的後援會，例如王光輝的球迷組織就是光輝組。通常這類型組織的球迷，草根性比較濃，對球員相當支持與忠誠，可以說都是一路跟著選手、頗有資歷的熱情死忠球迷。

在一九九九年十月，奇摩網站推出了「奇摩家族」服務，兄弟象迷也透過這樣免費的社群系統進行交流。有一位暱稱黃麥可的球迷，小時候跟著爸爸一起看棒球比賽，感受到現場兄弟象球迷的熱情與團結，那時的兄弟還只是一支業餘球隊，於是到了職棒開打後，他也拿著學生證換票進場，一直幫兄弟加油。

從台北串連到高雄

因為曾在歐洲留學，黃麥可看到外國人投入足球運動瘋應援的方式，覺得相當活潑有趣，因此在二〇〇三年四月十四日他生日這天，在奇摩家族創立了「大台北MACHI幫」（暱稱「麻吉幫」），開始透過網路聚集球迷。

不到一個月時間，「高雄MACHI幫」也成立了，接著馬上推出幫服，並動員入幫的會員進場幫兄弟加油。當天的加油裝扮相當浮誇有趣，也讓這個非官方的球迷組織第一場公開活動就吸引到媒體採訪。

短短一個多月，他們成功吸引了許多人的目光。大約三個月的時間，大台北MACHI幫就吸引超過一千人成為家族會員，連球團都開始關注。那年的八月，球隊的官方網站也多了大台北MACHI幫的網站連結，可以說是獲得了官方的某種認可。

成立不到半年，同年九月份，大台北MACHI幫的家族人數已經突破兩千，而這群死忠象迷的組織力和向心力，在當年總冠軍賽表露無遺，就是很多MACHI幫成員津津樂道的「天母大排隊」事件。

天母大排隊事件

二〇〇三年的台灣大賽，由兄弟象和興農牛對戰，打到第六戰，兩隊都各拿下三場勝利，因此十月十八日的比賽可以說是封王戰，只是誰封王還不知道。兄弟象只要拿下最後一場勝利，就能完成史無前例的二度三連霸，因此激戰的程度已經可想而知。

十月十七日，天母棒球場聚集了相當多的球迷等候排隊買票。根據當時MACHI幫成員的回憶，十月十六日就有人到現場排隊，當天成員清點了買票的張數、需要排隊的人數，安排足夠的會員在現場輪流徹夜排隊。

在還沒有智慧型手機的年代，大家整晚排隊需要打發時間，於是有的人看書，有的人打撲克牌，有的人帶了吉他來唱歌，還有人現場帶鍋具、爐具煮起火鍋，而球場周圍路口甚至有小發財車停路邊賣起棉被、枕頭，由此可見當時排隊的瘋狂盛況。

MACHI幫會員因為早早做好準備和購票推演，在十月十八日售票當天都順利買到門票，並前往二樓準備入場，沒想到一樓售票口前有太多黃牛和球迷，還有很多人插隊，現場一團混亂。

有許多球迷早早來，排了一兩天卻沒買到票，再加上有些買到票的球迷朋友炫耀自己有票，讓那些焦躁、憤怒的球迷開始暴動、丟東西、打破售票口玻璃，甚至向球團工作人員丟雞蛋（到底是誰排隊買票會帶雞蛋？），還有人打起來，根本是暴動現場，必須出動警察來現場維持秩序。

後來兄弟象緊急在售票口附近架設大螢幕，讓無法進場的球迷也能在場外一起看球，才結束了暴動。

這天的「天母大排隊」暴動事件，MACHI幫的會員都順利進場，兄弟象拿下了冠軍，達成二度三連霸，現場的MACHI幫成員開心的哭成一團。回想起前兩天的排隊衝突事件點滴，大家都覺得身為MACHI幫的一員真好啊！

超強動員力

MACHI幫靠著超強動員力與組織力，開始有了會員制度，不僅有自己的logo，還有會員卡和儲值卡。

據說MACHI幫的全盛時期，北中南加起來的總會員人數超過六、七百人，球迷自發性的進行各地分會組織的運作，包含了台北、桃園、台中、台南、高雄。他們還有自己的會員卡、會服等周邊。

發展到一定程度時，有人認為這與當時超紅的嘻哈樂團MACHI可能會有名字商標權的疑慮，因此將MACHI中的「A」改成了「@」，除了避開商標疑慮外，「@」也代表麻吉幫是從網路起家。

M@CHI幫的成員們主動參與和自行運作的成熟度相當高，除了自行分組外，幹部還印製名片、發行會刊，甚至跟兄弟球團主動談購票的儲值服務，推出購票儲值卡，會員可以預先儲值並選位，入場看球只要感應卡片即可，完全走在時代的尖端！

會員通常會互相邀約進場一起看比賽，大家習慣站在座位區的後側應援。直到現在，有進場看比賽的M@CHI幫成員還是維持這種站立應援的方式，對這些老幫友來說，在內野後側站著為兄弟象應援，已經是他們的習慣與傳統了。

光看到這些，我想很多人都跟我一樣覺得很驚嘆，但還有更讓人覺得這組織超猛的部分，就是M@CHI幫會進行會員內部投票票選，選出當年兄弟象比賽的美技獎，他們會在年底辦理年終晚會，邀請球團、得獎球員一起參加。當天不僅頒獎給優秀的會員們，也會頒給票選得獎的球員。

咦？這不是應該由聯盟來舉辦的活動嗎？一個私人、非官方的組織居然做到了這些事，還樂此不疲。

現在還有不少會員提到過去M@CHI幫的事蹟，依然滿臉驕傲。他們會細數過去M@CHI幫各項超強事件，包含會員在球場上進行排字、與媒體合辦直播派對，這組織動員的能力真的堪比球團的制服組啊！

看到M@CHI幫成員提供的周邊、會員卡、會刊……等等，讓我感受到這群球迷朋友的真心、熱情與強大的動員力量。

即使過了二十年，許多會員因為有了家庭或其他因素減少看球賽的時間，但是會員之間仍有不少人互相聯繫，會一起邀約看球與聚餐，偶爾聯繫感情。聊起那段一起進場看棒球的瘋狂過往，依然是這群幫友們心中最棒的回憶。

17

那些兄弟的球迷組織們

前面介紹了光輝組與麻吉幫，但其實兄弟隊經歷這麼多年，球迷組織真的很多，靠我自己的力量要把這些組織整理出來，難度實在太高，真的比我想像中還花時間。我在此只能先把目前手邊蒐集到的資訊整理給大家，期待我們可以一起把屬於象迷歷史的這塊慢慢補上。

職棒元年開始，陸續有許多球迷組織成立，但這些組織沒有一個是屬於真正的官方組織，都是球迷自發性的管理與運作。

不過球團為了方便進行場邊應援與球場活動，還是有幾個組織可以和球團的行銷人員直接溝通。球隊在外野的應援、現場活動支援，會需要與這些啦啦隊組織討論，如果需要更多人力，啦啦隊的人會再跟其他球迷組織聯繫與串聯。這幾個協助球隊在外野應援、由球隊行銷直接溝通協調的組織，就是各地的啦啦隊。

當時兄弟象隊的啦啦隊分別有：

台北啦啦隊：隊長 范文諾

新竹啦啦隊：隊長 陳科程

台中啦啦隊：隊長 林俊偉

台南啦啦隊：隊長 江惠慧

高雄啦啦隊：隊長 吳瑞山

屏東啦啦隊：隊長 許世在

另外，在職棒初期，還有幾個以象迷為主的球迷組織，介紹幾個如下：

紅中組：組長 徐方志

紅中組大概在職棒四年總冠軍賽後正式成立，很明確的就是一群喜歡洪一中的球迷。他們通常會一起坐在本壘後的位置，也就是最靠近捕手的座位區來為洪一中加油應援。

光輝組：組長 許成隆

是最大的球迷組織之一，約莫在職棒二年開始招收會員，成員會在靠近一壘的內野聚集為王光輝加油。組織的動員力很強，組織內的活動也相當豐富，成員向心力都很高，可參考前面那篇專文的特別介紹。

台北盜帥組：組長 陳能傳

盜帥組對於自己的組員有所規範，包含不能謾罵球員與教練，也不能朝場內丟擲物品，因為組員很多都是學生，還規定考試前兩週不能進場看球，聯考前半年也不能進場看球！

台中盜帥組：組長 阿姐

球員個人的球迷組織還做分區的，好像只有林易增的盜帥組了。盜帥組分成台北和台中區，台中盜帥組的人數眾多，可以說是中部頗有規模的象迷組織。組織很常舉辦相關活動，包含一起包車去各球場為林易增加油。

飛象組：組長 陳世宗

這組織比較特別，是針對女性設立的象迷組織，人數並不多，可以說是曇花一現卻極有特色的球迷組織。

台南兄弟姐妹會：組長 林明弘

約莫在職棒五年成立的球迷組織，組長自己在台南開設體育用品店，常在店內聚會、交流。組織成員相當多，每個成員都有一件法披*，在球場上會穿法披為選手應援，相當有氣勢，是南部最具代表性的球迷組織。

飛刀情人組：組長 劉美姬

陳義信魅力無邊，極盛時期組織成員有達兩百人左右，成立的地點在高雄，常常舉辦球迷會、慶生會……等，但存在時間並不長。

大象聯盟：組長 許世在

組長本人也是屏東啦啦隊的隊長，他特別另外組織了一支在屏東內野為兄弟應援的後援會。雖然在屏東球場的比賽不多，但這個大象聯盟最多也曾有約莫兩百名會員。不過或許是受限於屏東賽事較少，要持續運作並不容易，因此這組織的存在時間比較短。

◎金童組：組長 張年孝

成立於職棒七年，當時曾舉辦熱鬧的成立大會，現場除了陳瑞昌，還邀請了吳俊億、邱麒璋、陳懷山等人一起參與，會員大概有兩百多人。

後續成立的球迷組織還很多，包含麻吉幫（M@CHI幫）、激動組、花花家族……等等，而比較近期在社群軟體開始盛行後，各個球員幾乎都有自己的粉絲團或後援會組織。

＊法披（はっぴ）是日本職人或祭典時穿著的江戶時代外套，因穿著簡單方便，現在廣泛使用在應援活動中穿著，以利辨識團體。

兄弟象一直以來都有最龐大的球迷基數，各個後援會的組織運作都有很豐富的經驗，動員力也強。有了這些熱情參與各項活動的球迷們支持，做球員的後盾，讓兄弟象選手不管在主場或客場都能聽到最強而有力的加油應援聲，我想這真的是身為兄弟象選手最幸福的地方了！

18

那些很兄弟的應援標語

過去職棒比賽還沒有啦啦隊應援之前，場邊最吸引人的目光，除了那些搖旗吶喊的各個後援會，再來就是各種醒目的標語了。在球場高舉各種標語應援，甚至表達自己的心聲都很常見，而很多時候也能看出這些球迷的創意或巧思。

我整理了一下在《兄弟》雜誌文章與照片中出現過的應援標語，並列舉出一些我個人覺得比較有特殊意義的標語與大家分享。

四海之內皆兄弟。

落地為兄弟，何必骨肉親，得歡當作樂（有緣做兄弟），球場聚比鄰。

在《兄弟》雜誌的創刊精神中，寫過這兩句話。而其中第二段是改編自陶淵明的〈雜詩〉，原文是這樣的：

人生無根蒂，飄如陌上塵。分散逐風轉，此已非常身。落地為兄弟，何必骨肉親！得歡當作樂，斗酒聚比鄰。盛年不重來，一日難再晨。及時當勉勵，歲月不待人。

在這首詩中，引用了《論語》中的這句：「君子敬而無失，與人恭而有禮，四海之內，皆兄弟也。」

〈雜詩〉這段，在《兄弟》雜誌內有提到，陶淵明這番寬廣的胸襟與信念，並且重視人與人之間的情誼，就是兄弟球團的精神。而這幾句話偶爾也會出現在場邊，看到標語就覺得兄弟的球迷都是一家人那樣令人感動。

人品定優劣，苦練決勝負

這是兄弟創隊初期的隊訓，也是兄弟隊領隊、教練一直恪守的精神。

洪騰勝當時成立兄弟隊時，認為球隊應該要品德和技術兼具，這標語到現在雖然比較少出現在場邊，但已經變成了應援的口號之一，球迷到現在還是很熟悉！

兄弟們放輕鬆些

冠軍兄弟象（兄弟冠軍象），榮耀歸球迷

這些標語大概出現在一九九二年，就是兄弟象拿到金冠軍那一年。原本在業餘球隊戰績不錯的兄弟象，加入職棒的前兩年戰績不太好，讓很多象迷都很期待一座冠軍。象迷在比賽過程中都會給予球團與選手支持，即使球隊輸球，象迷依然力挺。這些標語在當時上半球季的場邊就出現過，而一向重視球迷的兄弟象，更把冠軍的榮耀回歸象迷、感謝象迷，這真的讓象迷更加死心塌地的喜歡這個球隊，繼續為這個球隊應援吶喊！

兄弟象迷，相知相惜在一起

黃衫兄弟，所向無敵

魔術山根，料事如神

封王之路誰敢擋

這些標語大概出現在一九九三至一九九四年。這時期的兄弟象目標是拿下第二年總冠軍。延續了第一年拿下金冠軍的氣勢，兄弟象在一九九三和一九九四年都打出了不錯的成績，這時候的象迷可以很有自信的對大家說：「我們真的所向無敵了！」而山根俊英接任總教練後，好幾次在賽事的調度上帶給象迷大驚奇，一路帶著兄弟象拿下總冠軍，邁向三連霸。

在一九九五年《兄弟》雜誌一月份季刊，特別整理了一九九四年「十大標語」，每個標語都讓人拍案叫絕。我挑了幾個與大家分享。

彗星撞木星，大象壓老鷹

一九九四年的天文界最大盛事，就是SL9彗星與木星撞擊事件，而象迷巧妙的將時事與對戰隊伍結合，帶了押韻，念起來也很順。

兄弟恰克飛鳥

「恰克與飛鳥」是相當知名的日本音樂團體，一九九四年五月二十一日，「恰克與飛鳥」在台北市立體育場開唱，而一旁的台北市立棒球場，正在進行的是兄弟象與時報鷹的例行賽，也因此象迷有了這樣的創意標語。

飛刀出手，落鷹繽紛

這標語一看就知道是在幫陳義信應援，是非常狂的應援標語，對象則是針對時報鷹，代表陳義信一出手，就讓時報鷹敗戰而歸！

兄弟牌除尸機，讚！

這一看就知道是針對統一獅的標語。梅雨季節不僅要除溼，面對統一獅更要除「尸」！

在一九九五年之後，除了「**兄弟要轟王，此路不通，請改道**」以及「**七**

月看好我兄弟」的標語之外，就沒看到更多了。

雖然兄弟在前一年才完成三連霸，但一九九五年起，球隊的戰績沒這麼好，一九九六年也出現過「**把失去的找回來**」，多少表示了對兄弟能重返榮耀的期待，當然另外指的就是當年的職棒簽賭事件。

在一九九六年季中，職棒有黑道涉入簽賭的傳聞愈演愈烈，甚至有球員被黑道挾持。各種傳言風聲四起，當時場邊有球迷舉起標語「**健康職棒還我們**」，訴求聯盟應該正視簽賭問題，同時也應該保護選手的安全；球迷要看的是精采的棒球比賽，而不是放水球。

接下來幾年，聯盟因為放水球，加上台灣大聯盟的成立挖走許多球員，讓中華職棒聯盟的進場人數幾乎跌到谷底。一九九八與一九九九年，在場邊還能看到「**萬象更新，萬象歸心**」、「**兄弟一條心，再創金冠軍**」、「**兄弟一條心，找回總冠軍**」等標語。面對空蕩蕩的球場，這些標語讓許多人看了相當無力，想要找回球迷的心與信任，真的相當難！

另外還有一些標語，我推測也是在職棒早期就出現，但不是很清楚的知道時間點，而這些標語大家也都很熟悉，例如：

如兄如弟，歡天喜地
兄弟精神，永不放棄

經過了多年的棒球低潮，進場人數始終沒有起色，邁入西元二〇〇〇年，球團還曾經喊出了「公元兩千，兄弟領先」，雖然這一年，兄弟全年度戰績是墊底……

今天一定會有美好的事，發生在兄弟身上

這段話其實和其他標語比起來，我覺得很不一樣，感覺相當有故事性與溫度，後來才知道，這原來是二〇〇一年兄弟象在打總冠軍賽時，雖然第一場比賽就拿下勝利，但接著三場都敗給了統一獅；兄弟象被逼到無路可退，在第五場於新莊棒球場的比賽，球員在休息室上就貼著這句：「今天一定會

有美好的事，發生在兄弟身上。」

這場比賽，兄弟象力退統一獅，接著還連勝兩場，從本來統一獅已經聽牌的局勢，硬生生逆轉戰局，拿下總冠軍，真的太讓人感動了。而這句標語後來也偶爾在重要賽事會出現在場邊，勉勵著大家。

二〇〇二年的「**兄弟同心，連霸冠軍**」，還有二〇〇三年的「**邁象三連霸**」，也是為了當年球隊目標衍伸出來的標語，其中「**邁象三連霸**」在我們很接近第三次三連霸時，場邊很常出現。

二〇〇四年，因期許球隊締造聯盟史上的第一個四連霸，還出現過「**兄有成竹，弟造四連霸**」這標語，把「兄」、「弟」兩字巧妙的放在兩句的第一個字上。

二〇〇八年，雖然有奧運加持，但進場的球迷平均人數未達兩千人，彭政閔曾看著空蕩蕩的觀眾席說：「他們上班太累了，沒辦法來看球。」或是說：「球迷在塞車……」之後在二〇一三年兄弟象告別賽、二〇一九年彭政閔的引退，都能看到球迷在場邊拿著「**恰恰，今天沒塞車，我們都來了！**」

的標語。

我想經歷過假球時期的每個球迷朋友，看到這句話都頗有感觸哪！

我們兄弟沒有在放棄的！

這句標語雖然第一次出現的年份我不太清楚，但幾乎每次進入挑戰賽或總冠軍賽都能看到。在任何困境我們都不放棄，一直激勵著我們戰鬥到最後一分一秒，我相信這樣不服輸的精神，也是球迷一直以來對我們不離不棄的原因吧！

當然，場邊的標語口號還很多，你自己最喜歡的又是哪一個呢？

19

來一起喊應援吧！

現在到球場看比賽，場邊應援都相當熱鬧，幾乎每個選手都有屬於自己的應援曲或應援詞，啦啦隊會帶動專屬應援炒熱氣氛。

不過職棒早年並沒有這麼多電子曲，也沒有球員專屬應援。過去的應援比較簡單，同樣的加油吶喊改個球員名字，就大家通用，例如：「╳╳（球員名），全壘打！」光是這樣六個字，熱血又盡責的應援團就能喊上五分鐘了。

對，五分鐘，可能比這時間更久，在我印象中，台中應援團成員楊友正光為我吶喊就喊了五十三次，後續好像還有破紀錄的五十五次！沒想到我這麼認真的跟投手纏鬥、選球，也這麼考驗應援團的喉嚨哪！

總之，在整理過去老兄弟的一些歷史、翻閱《象報》和《兄弟》雜誌時，突然有一種想法：怎麼沒有人整理過去的加油詞呢？這些沒有記錄下來有點可惜啊，畢竟有些加油應援詞也正邁入歷史，快要消失不見了。

場邊應援加油詞的開始

其實場邊的應援加油，很多都是球迷自己在這近四十年間摸索出適合自己球隊的風格或帶動方式。早期大概就是球迷簡單的為球員吶喊、加油，像是安打、全壘打、三振他、被三振……等等。接著有一些簡單的音樂帶動氣勢和應援氣氛，熱情的球迷會譜寫一些歌曲，例如丘丘合唱團的鍵盤手就是熱血象迷，曾寫了兩首可以在場上應援的歌，當時後援會也為這兩首應援曲安排現場帶動唱的時機點。

根據比較資深的應援團成員的回憶，過去幾乎沒有選手專屬的應援詞，多數以樂曲呈現。有些選手的應援曲可能是擷取某些音樂的片段，有些則是重新譜曲，例如早年陶笛阿志也為彭政閔寫過應援曲。

許多應援詞都是通用的，並不多，像是「便當，便當，揮棒落空」，大概就是會讓很多球迷打問號的應援詞，想說到底便當跟揮棒落空有什麼關係？而這個有趣又奇特的應援口號，隊上最資深的鼓手愷哥就親眼見證了它的誕生。

根據愷哥的回憶，這口號誕生在職棒七年。那時台北市立棒球場還沒拆除，內野座位區有一塊是小小的販賣部，有些歐巴桑會帶著便當、冰淇淋在內野座位區一邊移動一邊叫賣。某天，歐巴桑正賣力在一壘側叫賣餐食，喊著：「便當——便當——」沒想到剛好有個穿制服的學生看著比賽激動大喊：「揮棒落空！」一壘側的光輝組鼓手成員建榮聽到後，覺得很有趣，決定用來做防守的帶動。

一開始只是帶著好玩的心態，沒想到後來愈喊愈順，整個玩開，後續連賣東西的阿桑都曾拿起麥克風「便當、便當」的幫忙喊應援口號，讓球迷接著喊「揮棒落空」。這樣有趣的口號就一直被兄弟隊使用，甚至有其他隊的球迷也會在其他賽事大喊。

球員個人應援加油詞

那麼是從什麼時候開始，球員才有比較明確、屬於自己的加油詞呢？

大約在二〇一四年後，這段時間的球團應援方式有了許多衝擊與變化，從傳統的人聲、演奏，慢慢加入了電子樂，場邊的加油方式也做了改變。

在中信接手兄弟象之後，球團開始為每個選手編寫應援曲及應援口號，搭配現場啦啦隊的帶動、音樂的氣勢，讓比賽更加熱鬧活潑。另一方面，每個選手有了自己獨特的應援曲與口號，也更能呈現選手與眾不同的特色，讓選手們都有屬於自己獨特的記憶點。

球迷很快就接受了這樣的應援方式，甚至有選手從二軍升上一軍，球團還來不及編寫專屬應援口號時，不少球迷會到FB或PTT表達不滿，認為球團應該要盡責幫每位選手準備好口號，畢竟每位選手這麼努力，提早準備好也是對這些選手的尊重。

而這些應援口號，你自己最喜歡哪個呢？

我很努力將我能查到、記得的應援口號記錄下來，象迷朋友們如果有發現任何缺漏的，請幫我一起補上吧！

整體應援口號（沒有區分選手）

便當便當（台語），揮棒落空！

麻糬麻糬（台語），三振出局！

水果滷味，DOUBLE PLAY！

舉起你的左手，安打安打；舉起你的右手，全壘打全壘打；舉起你的雙手，╳╳╳，全壘打！

人品，定優劣，兄弟精神╳╳╳（球員名）！

苦練，決勝負，兄弟精神╳╳╳（球員名）！

安打啦安打╳╳╳（球員名），安打啦安打╳╳╳（球員名），安打啦安打╳╳╳（球員名）！

╳╳╳（球員名）全壘打，╳╳╳（球員名）全壘打，╳╳╳（球員名）全・壘・打！

看我們的╳╳╳（球員名）打安打打安打！

兄弟象的╳╳╳（球員名）全壘打全壘打！

安打安打全壘打！安打安打全壘打！╳╳╳（球員名）全壘打！

各選手應援口號

背號	球員	口號
0	林吳晉瑋	安打安打 林吳晉瑋 轟吧轟吧 林吳晉瑋
1	陳子豪	炸 裂 陳子豪 一擊炸裂 陳子豪 炸 裂 陳子豪 一號重砲 陳子豪
2	李聖裕	超越101 驚天一擊 李聖裕 超越101 黃金聖衣 李聖裕
2	佩卓	Let's go Pedro（×4）
2 （63）	潘志芳 （潘莛翔）	飛～吧 潘志芳 非洲大象潘志芳 安～打 潘志芳 飛過大牆潘志芳
3	楊祥禾	蹦 蹦蹦 蹦 祥禾歐巴 蹦 蹦蹦 蹦 一棒安打 蹦 蹦蹦 蹦 祥禾歐巴 蹦 蹦蹦 蹦 一棒毆把
3	陳文杰	速度敏捷 身手矯捷 Hito Hito Hito 陳文杰
4	福來喜	（砰 砰砰 砰砰） Power Hitting （砰 砰砰 砰砰） Let's go Frankie
5	耐克	耐克 go 耐克 go 耐克耐克 go go go
5	吳明鴻	吳明鴻 吳明鴻 無名英雄 吳明鴻
6	張正偉	HIT HIT 張正偉 瑪路一本 張正偉 HIT HIT 張正偉 瑪路一本 張正偉
7	張志豪	轟吧 志豪 志豪 轟吧 張志豪 全壘打
8	黃仕豪	安打啦安打 黃仕豪 Hito Hito 黃仕豪
9	王威晨	（棒次） 王威晨 威力加成 王威晨 （棒次） 王威晨 一棒功臣 王威晨
11	蔣智賢	轟轟 蔣智賢 重砲威武 蔣智賢 轟轟 蔣智賢 萬夫莫敵 蔣智賢

12	林明杰	咬 中 球 心 鯊魚哥 轟出去
13	陳偉漢	陳偉漢 陳偉漢 Let's go Manny 陳偉漢
14	王勝偉	（砰砰砰） 勝偉 （砰砰砰） 衝落 哈魯拿耀 王勝偉
16	周思齊	周思齊 轟出去 甩砲出擊無人敵 周思齊 轟出去 天下無敵周思齊
22	里迪	（砰 砰砰 砰砰）Power Hitting （砰 砰砰 砰砰）Let's go Liddi
23	彭政閔	彭政閔 彭政閔 安打全壘打彭政閔
24	林威助	林威助 林威助 一球擊命 林威助
26	黃鈞聲	黃鈞聲 黃鈞聲 黃金大砲 黃鈞聲
27	黃稚峰	人來瘋 黃稚峰 致命峰砲黃稚峰 人來瘋 黃稚峰 黃衫英雄黃稚峰
28	張仁瑋	阿瑋 行雲流水 安打轟吧 張仁瑋 阿瑋 行雲流水 NICE PLAY 張仁瑋
29	陳俊秀	安打秀，全壘打秀 黃袍我秀，陳俊秀
31	陳江和	昂估go 昂估go 內野無敵陳江和
32	曾頌恩	火力放送 全壘打 Boom Boom 頌恩開轟 全壘打 Boom Boom
32	林智勝	強攻智勝 猛轟智勝 乃耀阿給 林智勝 中信大勝 兄弟大勝 中信兄弟 林智勝
39	詹子賢	詹子賢 轟 詹子賢 炸 霸氣一擊 詹子賢
42	陳家駒	駒擊（砰砰） 駒擊（砰砰） 全力駒擊 陳家駒 駒擊（砰砰） 駒擊（砰砰） 火力不停 陳家駒
43	林書逸	Power (Power) Swing (Swing) Power Swing 林書逸
45	王峻杰	臥龍再現 勝者為王 王峻杰 臥龍再現 四十五號 王峻杰
47	林志綱	咻 咻 速度如光 Run Run 看我志綱

57	陳皓然	陳皓然 我叫陳皓然 是我兄弟 陳皓然
58	曾陶鎔	曾陶鎔 曾陶鎔 千錘百鍊 曾陶鎔
61	吳東融	東融強 東融強 東融東融東融 強攻強 東融強 東融強 東融東融東融 強攻強
61	王政順	打得正順 轟得正順 兄弟必勝 王政順
65	高宇杰	左線預備 右線預備 全線預備 高宇杰 On Fire
66	黃韋盛	衝鋒陷陣 旗開得勝 ___分砲 黃韋盛
68	馬鋼	蹦蹦 蹦蹦蹦 馬鋼打安打 蹦蹦 蹦蹦蹦 Tamasaza 蹦蹦 蹦蹦蹦 馬鋼全壘打 蹦蹦 蹦蹦蹦 Tamasaza
69	張志強	男兒 當自強 打安打 張志強 男兒 當自強 全壘打 張志強
74	許基宏	轟吧轟吧 基宏 轟吧轟吧 基宏 轟吧轟吧轟吧 許基宏
75	林瑞鈞	萬馬千軍 衝衝衝 林瑞鈞 雷霆萬鈞 轟轟轟 林瑞鈞
85	劉貴元	勇往直前 Let’s go 85 劉貴元
88	宋晟睿	外野 草上飛 Payo 宋晟睿 安打 滿天飛 Payo 宋晟睿
90	江坤宇	（拍拍）坤宇（拍拍）（棒次）鐵壁銅牆 （拍拍）坤宇（拍拍）（棒次）一棒過牆
92	岳政華	安打 岳政華 雙刀投打 岳政華 轟吧 岳政華 狂轟猛炸 岳政華
96	蘇緯達	蘇緯蘇緯蘇緯 打安打 安打安打安打 蘇緯達 蘇緯達 嘿 蘇緯達 嘿 安打全壘打 蘇緯達
97	徐博瑋	全力捍衛 徐博瑋 勝利關鍵 徐博瑋
98	岳東華	安打 岳東華 越打越強岳東華 轟吧 岳東華 越轟越猛岳東華

20 黃澄澄的明星賽票選

每一年的明星賽，會讓球迷投票選出你心目中的明星選手。

每年總是會出現很多對兄弟不滿的聲音：「都給兄弟打就好啦！」「只要是黃色的，打很爛都能參加明星賽啦！」

過去我也曾被球迷攻擊說，ＤＨ打這麼爛，靠著黃色球衣也拿到這個位置的高票。但既然「明星賽」票選的是你喜歡的球員，那麼有高人氣選手入選其實不意外，而號稱有百萬象迷的兄弟象，投起票來也聲勢浩大，幾乎每個守備位置都會拿到票選第一，人氣王也幾乎都是兄弟象的選手拿下，由此可知象迷團結的程度，真的會讓其他球隊的球迷看不到車尾燈。

職棒元年開始的明星賽

聯盟在成立初期便仿效美日職棒，規劃在季中舉辦明星賽。一九八九年十二月六日，中職聯盟在會議上決定，職棒元年每隊每個球季出賽場次九十場，聯盟一年共舉辦一百八十場比賽，上下半球季之間舉行明星對抗賽。

職棒元年明星對抗賽從一九九〇年六月二十一日開始投票，由上半球季第一名和第四名的三商虎與統一獅組成紅隊，第二名和第三名的味全龍與兄弟象組成白隊進行票選。票選方式是紅白兩隊各圈選九位球員，選票從六月二十一日開始在球場進行發放，圈選完後繳回或後續自己寄回聯盟。

聯盟自己也主動將選票寄送給球迷聯誼會的會員，讓會員進行明星賽的票選。票選時間並不長，從當年六月二十一日開始，在七月十日前必須將票送回聯盟統計，票選出來的選擇在七月二十日、二十一日和二十二日進行對抗賽，地點分別是在高雄、台中和台北。

兄弟的行銷在明星賽票選中也沒有缺席，不僅透過兄弟後援會的力量動員催票，也利用兄弟後援會的刊物進行宣傳，同時在比賽現場向球迷蒐集空白的選票，每週留意聯盟公開的票數資訊，為自己的選手進行配票，很有目標的進行相關的票選活動，就是為了讓自家球員能夠獲得先發的機會。

其實職棒元年的明星賽票選，雖然兄弟的人氣在當時已經相當旺，但各個守備位置投票上和同一隊的味全龍還是各有千秋。九個守備位置由兄弟拿下五個，味全拿下四個。當年明星白隊票選先發名單結果如下：

投手：黃平洋（味全）
捕手：洪一中（兄弟）
一壘手：馬爾斯（味全）
二壘手：麥克（味全）
三壘手：王光輝（兄弟）
游擊手：努那（兄弟）
外野手：李居明（兄弟）、帝波（兄弟）、林易增（味全）

其中的人氣王是獲得兩萬六千五百六十七票的李居明（兄弟）。

職棒二、三年的明星賽票選

職棒二年的明星賽票選在一九九一年六月一日開始舉辦，票選方式一樣是聯盟在進場時發送選票由球迷圈選，分隊方式則是以職棒元年的成績排名來組隊。冠軍味全龍與殿軍兄弟象組成明星紅隊，亞軍三商虎和季軍統一獅組成明星白隊。職棒元年，三商虎的鷹俠拿下了票數排名第三，因此職棒二年的明星賽票選開始，鷹俠的票也一路領先，給了兄弟不少壓力。

兄弟為了讓李居明維持人氣王，也有相應的行銷策略，包含配票並刻意將票集中在李居明身上，在《象友傳真》（兄弟後援會刊物）努力為李居明拉票，目標是要讓李居明蟬聯人氣王。另一個目標則是讓當年加入兄弟象的投手陳義信，能在投手票選中拿下票數最多的成績。

原本每週票選都排名第一的鷹俠，最後一週在兄弟象的票傾全力而出之下，結果大逆轉。兄弟象李居明以兩萬四千零六十票拿下人氣王寶座，吳復連以兩萬三千七百八十五票獲得第二高票，王光輝以兩萬兩千五百六十四票拿到第三；連第四名都是兄弟的選手，帝波以兩萬一千九百四十票拿下。原本一路領先的鷹俠以兩萬一千八百五十四票排名第五。

而這一年，兄弟在明星紅隊先發九人中拿下七位，比前一年多了兩位。這年的明星紅隊先發九人是：

投手：陳義信（兄弟）

捕手：洪一中（兄弟）
一壘手：王光輝（兄弟）
二壘手：羅世幸（味全）
三壘手：吳復連（兄弟）
游擊手：布朗（兄弟）
外野手：李居明（兄弟）、帝波（兄弟）、林易增（味全）

職棒三年的明星賽一樣是讓前一年戰績第一名和第四名一組，第二、三名一組。連續三年，味全龍都和兄弟象都排在同一組！即使他們球隊上有著超人氣球星黃平洋、呂明賜，但投票怎麼投都投不贏兄弟象哪！

原本味全球迷還寄望剛加入的亞洲巨砲呂明賜能在明星賽投票中突破重圍，可惜票數遠遠不如預期。

這一年的明星賽，白隊（味全龍與兄弟象）球迷票選的先發九人，味全只保住了游擊手吉彌，其他的位置全由兄弟拿下：投手陳義信、捕手洪一中、一壘手王光輝、二壘手吳復連、三壘手克魯茲、外野手李居明、帝波、林易增。當年的人氣王還是李居明，兄弟象的球員幾乎可以說在明星賽投票中處於不敗的地位！

至今已辦過三十三次

細數職棒三十五年的明星賽，其中二〇二〇年、二〇二一年因受到新冠肺炎肆虐影響沒有舉辦*之外，總共辦了三十三次的明星賽票選，而人氣王只有六次不是兄弟象隊的球員，其他二十七次通通都是，其中彭政閔更創下了連續十五年蟬聯人氣王的紀錄。

當然後續聯盟為了明星賽的可看性，而且避免分組後的票選先發都黃澄澄一片，有時候會調整分組方式，例如以體重分組，或是加入業餘選手、國家隊的分組方式。票選先發的部分則是利用專家成績再來進行第二輪票選，讓更多非兄弟象的選手有機會一起進入明星賽的先發陣容。

我自己加入職棒共二十個球季，二〇〇五年正式加入中職後，在二〇〇八年才有了第一次參加明星賽的機會，扣除其中兩年因為疫情沒有明星賽，

*這兩年雖無舉辦明星賽，但二〇二一年有進行票選活動。

我總共參加了十四次。

真心覺得兄弟象的球迷是我很強大的後盾，雖然最後幾年的球季他們真的很喜歡罵我，但投票時還是不會忘記我。

謝謝每一位投票給我的老朋友們，也感謝你們送我參加了二〇二四年的明星賽。這最後一場明星賽，讓我在大巨蛋圓了許多夢，謝謝你們！

兄弟隊史明星賽人氣王

年	人氣王
1990	李居明
1991	李居明
1992	李居明
1993	陳彥成
1995	葛雷諾
1998	李居明
1999	陳瑞振
2000	馮勝賢
2003	陳致遠
2005～2019	彭政閔
2021	王威晨
2022	王威晨
2023	江坤宇
2024	王威晨

21

熱鬧的主題日活動

現在進球場看球，感覺比以前有趣了許多，除了愈來愈豐富熱鬧的周邊攤位，通常週六、日的主場球隊會舉辦主題日，就會有各種專屬周邊產品和場邊活動。

主題日時，明明傍晚五點開打的比賽，會有很多球迷一早就先到球場排隊買周邊，大約兩點就能進場，除了能看選手的賽前練習，更重要的還有一些搭配主題日的攤位或舞台活動，非常熱鬧。

以前的職棒場邊比較單純一些，雖然也有贊助商，但大概就是以廣告呈現，或是安排開球活動和進場贈品等，而現在的行銷相當多元，看棒球不僅僅是棒球，還有更多娛樂，在球場耗上大半天都不是問題。

兄弟史上第一個主題日

雖然兄弟象並不是在職棒第一個將比賽規劃包裝成主題日行銷的球隊，但有一些主題日也獲得許多象迷的支持與迴響。我自己也有幾個印象深刻的主題日。

二〇一五年，中信兄弟公告了當年度主題日，其中第一個是「Bravo Legend向傳奇致敬」，這作為兄弟史上第一個主題日很有意義。這第一個主題日不僅限於假日兩天的主場，而是從兄弟主場開幕戰週三開始，一直延伸到週日的五天主題週活動。

這一連串主題日出席的傳奇球星，包含了路易士、帝波、小林亮寬、養父鐵、王光輝、陳憲章、吳復連、張永昌、江仲豪、蕭任汶、陳義信。第一天將這些傳奇球星一起聚集在洲際球場開球，光這畫面就讓身為兄弟球迷的我覺得幸福的不可思議。

能將這些人再度聚集起來真的很不簡單，記得當時我也超興奮，覺得球隊辦這活動很有意義，除了讓人不忘記兄弟象隊的歷史，讓老球迷對這球隊更有認同感之外，也讓新的球迷有機會再次認識這些球星。

爪爪鄉民日

第二個很有趣的主題日是「爪爪鄉民日」。身為資深鄉民的我，過去在PTT上也被球迷罵了不少。印象很深刻的是我在二〇一四年和中信兄弟簽下五年合約後，因為表現不如預期，許多鄉民都幫我改名成「甩甩」、「甩恩齋」，只有在我表現好的時候，才能是「周思齊」。

隔年，當我看到球隊的「爪爪鄉民日」就覺得太棒了，因為「爪爪」本來在網路上有點貶抑象迷的用詞，有人說「爪爪」是指香蕉，也有人說是象迷很愛「倒棒」，看起來很像爪。當時在網路上說象迷是「爪」，絕對不是什麼正面用語。

但是球隊則直接正面回擊，將「爪爪」包裝成主題活動，配合入場的贈品香蕉，有祭品文、推文活動和各種標語，將網路世界的鄉民用語實際運用在這一個主題日，相當有創意。

這一個主題日在後來也舉辦過幾次，其中二〇一七年舉辦時，還邀請了當時創作我的應援曲的鄉民warhsu來擔任開球嘉賓。到現在還有許多鄉民會要「甩甩出來玩！」，身為資深鄉民的我，當然是繼續藏好藏滿哪！

經典有趣的主題日活動

「神龍再現」也是我覺得相當經典的主題日，這是中信兄弟第一次和《七龍珠》聯名。

我相信很多人跟我一樣，成長過程一定少不了悟空、龜派氣功、超級賽亞人。當時在拍攝「神龍再現」相關宣傳照片就很開心，因為球衣上有滿滿的七龍珠元素，還有特製球員卡，連周邊商品都相當好看。

這次球團的主題日，不僅引起許多球迷共鳴，甚至登上了美國大聯盟MLB的官網。原來中信兄弟與《七龍珠》的聯名，是《七龍珠》第一次出現在職棒球衣上，因此MLB官網特別介紹了這個主題日。我還這樣順勢一起登上MLB官網，因為「神龍再現」的主視覺我也有一起參與呢！

另外我覺得還有幾個大受球迷好評的主題日，例如女孩日、涼水季、K歌主題日。

女孩日可以說是專門為女球迷打造的主題，整個視覺都相當粉，球員也會打扮得很帥氣，營造男友感。

涼水季都是在炎熱的暑假進行，通常規劃了幾個區域可以讓大家潑水、打水仗。有時我在場上打球，看著觀眾台上玩水的球迷，還滿令人羨慕的，讓心中也來點消暑感。

而K歌主題日可以說是把整個球場變成演唱會現場。每一次的K歌主題日都會邀請知名歌手，往往引起相當大的迴響，同時還會舉辦趣味的「我不是歌手」歌唱比賽，讓球員們來展現一下歌喉，其實有很多學弟唱歌都非常好聽呢！

從二〇一五年到現在，如果以每一年大約十場主題日來計算，至少也辦過了八十場。你最喜歡其中哪一個呢？

22 鄉民應援曲

第一個為選手擇定應援曲、自創應援曲的職棒球隊到底是哪個球隊？這答案可能得另外花時間訪查、研究史料，不過關於我自己的應援曲，可能還有點脈絡可循。

以前我真的沒特別去了解自己的應援曲，畢竟上場時有球迷為你加油就很不錯了。我記得誠泰的應援曲就很符合這支球隊的日系風格，選手的應援曲也是日系曲風。部分知名的選手，啦啦隊會有另外的自創曲，而誠泰時期的我還很菜，比較少有上場機會，當時就沒有我的自創曲。

後來大概是因為我的綽號是「周董」，再加上周杰倫在二〇〇六年發行《牛仔很忙》專輯，所以我的應援曲就默默變成了《牛仔很忙》，一路延用到米迪亞時期。

令人感動的專屬應援曲

二〇〇八年，因為黑米事件，我在特別選秀中被兄弟象選走。之後入選了經典賽國家隊。二〇〇九年二月跟著到澳洲移地訓練時，我因為揮棒過猛，導致鉤狀骨斷裂需開刀，因此後續的復健時程讓我趕不上開季。依照過去經驗，這種狀況大概需要經過三個月的復健期，但我歸隊的意志很強烈，畢竟才剛到兄弟象，很想好好的為球隊貢獻我的能力。在我努力復健下，順利的在五月一日回到場上比賽。

我不是很記得第一次在兄弟聽到的應援曲是哪一場，很可能是五月八日在新莊球場的主場比賽。總之當時聽到了一首陌生的應援曲，不是《牛仔很忙》，感覺有點新鮮。

後來我才知道他們因為我剛從米迪亞轉入兄弟象，為了祝福我能擺脫過去，在兄弟象如獲新生，因此特別為我譜寫了《Re Born》這首自創曲。我覺得相當特別，對我來說真的頗具意義。

至於我現在的應援曲，這由來又是一段有趣的故事，我也花了些時間去

PTT爬文，整理了整個應援曲的由來脈絡。只能說網路世界臥虎藏龍，沒想到鄉民一方面喜歡罵我（例如「甩恩齋」的由來），但一方面也有人為我譜寫了一首歌。

二〇一六年開季前，在PTT的象板有不少討論應援曲的聲浪。當時Lamigo球團的電音應援帶來許多球迷迴響，因此不少鄉民在象板討論應援方式，維持傳統及創新的方式互有討論往來。有鄉民指出球隊當時應援整體就是手勢混亂、演奏走調及口號枯燥，並提供許多改進的建議。但在PTT鄉民warhsu的眼裡，認為為球員製作專屬應援歌曲，是球團對選手的基本尊重。

當時中職的應援大部分是改編現有歌曲，再改寫歌詞，甚至原本選手已經離隊還會讓其他新進選手接續使用，但是warhsu心中理想的應援，應該是像日職一樣，每個選手有專屬的應援詞與應援曲。

就在不少批評的聲浪中，warhsu先丟出了自己為王勝偉創作的應援曲，接著自創的鄭達鴻應援曲也在PTT公開，獲得不少迴響。不少鄉民發現，自創應援曲也是一個可能的選擇，便號召鄉民們一起投入應援創作。

從鄉民自發創作到官方認證

當時中信兄弟的官方應援團已經先跟warhsu聯繫，想把他創作的歌曲提供給選手聆聽。二〇一六年四月八日，warhsu在象板發了一篇文章「分享：自創應援曲——周思齊」。

這篇發表的自創應援曲不僅有旋律，連歌詞都填寫好了。雖然有部分的鄉民認為應援曲在實際上很難唱到這麼長、這麼完整，但多數人認為這是一個充滿故事性、旋律好聽且很有記憶點的應援曲。

根據warhsu的回憶，歌曲公布後沒多久，球隊的人員便私訊與他聯繫，開始洽談關於我的應援曲，以及另一首他的自創曲《黃潮來襲》的授權。當時warhsu本來要以無償的方式把歌曲送給球隊，但球隊在尊重專業的前提下，依然買下了版權。

此時球隊也正視到許多選手的應援曲都是改編自其他歌曲，在版權上會遇到相當多問題，因此自創應援曲是當時進行的應援曲改革重點之一。球隊在PTT發現warhsu的創作時，第一時間便覺得他的周思齊應援曲及《黃潮來襲》相當適合現場應援。球隊於同年取得版權，積極進行編曲、設計應援動作，並在二〇一七年球季開幕前，正式對外公布所有選手的應援曲。公開時讓許多象迷感到驚豔，也獲得了讚賞與好評。

我的這首應援曲從二〇一七年正式啟用到現在，討論度應該算高吧！雖然很多人一開始會擔心這首歌太長，怕無法有完整的應援，不過事實證明，這首曲子要完整唱完不算太難，畢竟我一直都有努力的好好選球，讓大家多唱個好幾次應援曲，都沒問題呢！

23 兄弟最早的美女啦啦隊

講到啦啦隊（對，我說的是美美的、會在場邊跳舞的那種！），很多人第一印象就是先提到Lamigo。當然，職棒早年除了Lamigo的前身La New之外，統一獅也有啦啦隊。

關於這個啦啦隊文化，我的記憶點大概是在二〇一三年突然在四隊開始推，除了原本就有的Lamigo、統一獅之外，兄弟象也在季初出現了「象Young女孩」，義大犀牛也有「犀睛女孩」。

突然間，每個球隊有哪些啦啦隊成員，成了新聞媒體的追逐與關注焦點。那年經典賽後的棒球新聞，我想啦啦隊應該也占了不小篇幅。

最早的啦啦隊女孩？

當然身為一個喜好研究歷史的我來說，兄弟象到底是從哪時開始有自己的啦啦隊呢？這當然也成為我的資料蒐集重點之一。

我想很多人不知道的是，美女啦啦隊的出現比你們想像的還要早。也許過去並沒有相當的規模、組織，而且運作都還不算成熟，但每一次的出現絕對是當時場邊的「嬌點」。

兄弟象最早出現的美女應援、美女啦啦隊的團隊，其實並不是球團的啦啦隊，而是球星個人的專屬應援團。能有這等聲勢與人氣的球星，就非陳義信莫屬啦。

陳義信在職棒二年（一九九一年）加入兄弟象後，帥氣的臉龐、霸氣的投球英姿圈粉無數，女性球迷更是不少，是兄弟象當家球星。一九九二年職棒開季前，國內服飾品牌龍太與陳義信簽下代言合約，成為龍太專屬模特兒。龍太還特別幫陳義信組了專屬啦啦隊，在場上幫他加油應援。

這支由企業贊助組成的啦啦隊，很有可能就是職棒場邊第一個出現的美女啦啦隊。

最早的球隊啦啦隊？

至於最早的非專屬個人而是球隊的啦啦隊呢？我在《兄弟》雜誌上發現了蛛絲馬跡。

職棒四年（一九九三年）的總冠軍賽，為了幫兄弟象造勢，球隊邀請了雅姿韻律世界組成一支啦啦隊，為兄弟象應援。當雅姿啦啦隊的成員穿著黑色上衣、黑色熱褲現身左外野，立刻吸引了滿場目光。據說當時場上的左線審看到忘記比賽開始，帝波還提醒線審，他才把目光移開。

說起雅姿韻律，應該很多老球迷不陌生。在那個年代，韻律、瘦身相當熱門，坊間很多韻律教室，就連《兄弟》雜誌上都出現不少次陳義信跳韻律舞的照片。而身材健美姣好的雅姿啦啦隊現身在外野為兄弟象加油，也創造了不少話題。

其實我不確定到底雅姿啦啦隊的場邊加油維持了多長時間，透過一些新聞畫面可以發現，在一九九三年總冠軍賽結束後，十一月二十日在台北市立棒球場舉行的中日職棒邀請賽，也有看見雅姿啦啦隊為兄弟應援的身影。

在雅姿啦啦隊之後，有些歌手或企業與兄弟象有合作關係，雖然會在開場前熱舞帶動氣氛，但都沒有在場邊帶動應援。例如二〇〇六年的女團「i.n.g」出第一張專輯的主打歌《健健美》，就是跟兄弟象合作，她們的MV中帶入許多加油元素，這首歌同時也是當年兄弟象的加油主題曲。

二〇〇七年，啦啦隊偶像團體「米兒絲」（MYRS）也是SBL緯來獵人隊的啦啦隊，常在SBL場上表演，而緯來因為轉播兄弟的賽事，偶爾會邀請米兒絲到兄弟的比賽現場。

約莫在二〇一〇至二〇一二年左右，兄弟象的手錶品牌贊助商ellesse組織了ellesse girls，偶爾會在賽前做舞蹈表演，為品牌造勢。

正式啦啦隊成軍

二〇一三年四月一日，兄弟象的官方啦啦隊「象Young女孩」正式成軍，並預計在四月五日球隊開幕賽亮相。初期成員只有五人，分別是廷廷、Yumi、小綠、優格、東東，季中又加入了壯壯、Luna。

當年的職棒四隊都有啦啦隊炒熱氣氛，其中兄弟象的「象Young女孩」

聲勢也不弱，畢竟有百萬象迷在，各種投票還是穩穩拿下冠軍。

不過象Young女孩成軍時間只有短短一年，這年兄弟象在例行賽結束後便宣布球團將找新的主人，因此二〇一三年十一月九日，象Young女孩在桃園球場的兄弟象告別賽結束後，便形同解散。

中信正式接手兄弟象，更名中信兄弟後，由專業的經紀公司宏將多利安重新組織新的啦啦隊Passion Sisters，穩定發展至今也已經十年了。這期間女孩們有發行過單曲，二〇二四年還因應韓國啦啦隊潮流，從韓國請來李丹妃與邊荷律兩位人氣女孩，話題滿滿。

雖然近年有部分聲浪討論，認為場邊這些啦啦隊對於棒球發展不見得是好現象，有了不少「棒球本質」與「非本質」的爭論，但我認為能先讓更多人進場一起關注棒球賽事，不見得是一件壞事。畢竟職業棒球本來就是商業活動，有更多更熱鬧的商業模式投入職業運動中，也能讓運動員獲得更好的待遇與環境。

我倒是很想幫女球迷爭取更多福利啦，希望未來女性為主的啦啦隊，也能多增加男性啦啦隊成員，畢竟進場的球迷也有接近半數是女性呢！

24 兄弟的吉祥物一家

進球場看比賽，除了場上的球員之外，場邊其實也有很多球迷關注的焦點。對，是焦點，不是「嬌」點啦。在這裡是想跟大家一起聊一聊球隊的吉祥物！

吉祥物是球隊的代表形象之一，除了相關的圖像ＩＰ外，也有操偶師穿著布偶裝在場邊和球員與球迷互動，不僅可以協助球隊一起炒熱現場氣氛，也能透過吉祥物建立與球迷之間的情感，創造更多有趣的回憶；不僅為球賽增添更多話題，也讓場邊的活動更加熱鬧。

我想多數球迷對於目前中職各球隊的吉祥物都很熟悉，但是你知道兄弟隊的吉祥物，一開始並不是想選大象嗎？

各隊吉祥物的選定

一九八八年九月五日，由洪騰勝大力促成的職棒籌備委員會正式成立，台灣的職業棒球運動終於有了明確的目標與方向。籌備初期除了球隊各自招募新人外，吉祥物也已經設定好四種動物：龍、虎、獅、象，讓四支球隊各自選擇自己想要的吉祥物。

味全與統一兩支球隊，一開始就分別擇定龍與獅當吉祥物，而兄弟和三商兩支球隊都看中了老虎。

原來，三商的陳河東和兄弟的洪騰勝兩人都是一九三八年生，都屬虎，所以心中打定主意要以老虎當作自己球隊的吉祥物，不過最後洪騰勝還是將老虎讓給了陳河東，因為他想感謝在籌備職棒的過程中有陳河東的支持，才能順利讓元老四隊成型。所以三商選了虎，兄弟只能選擇象，四支元老球隊的吉祥物就正式確定。

吉祥物的圖像是由在兄弟大飯店工作的鍾孟舜設計，他一個人就包辦了四支球隊的吉祥物圖案。畢竟當時屬於職棒草創時期，各隊只能共用一位美術設計。

一九九〇年職棒正式開賽前，聯盟委託日本迪士尼的卡通人物設計師來協助打造吉祥物形象。當時聯盟規劃每隊一次製作兩個吉祥物，四隊總共做了八個，花費兩百萬元。

三月十四日，代表四隊的龍、獅、虎、象吉祥物在台北市展開遊行造勢，炒熱話題。造勢的地點包含當時的太平洋崇光百貨、來來百貨、永琦百貨、鴻源百貨，吸引了不少人潮關注。

吉祥物的人設問題？

根據兄弟象最資深的操偶師小鄒的回憶，最早吉祥物並沒有一個明確的人設，多數吉祥物活動範圍是場內外野處。吉祥物在炒熱氣氛後，會坐在外野球僮的板凳上休息，偶爾也會到場內觀眾席做互動。

一開始操偶師對吉祥物並沒有完整認知，包含人設不能前後矛盾、不能讓觀眾看到操偶師的真面目等問題都不清楚，因此在外野板凳上，常常會看到吉祥物把頭拿下來放在一旁歇息的畫面。

不過後來操偶師慢慢發現，一些主題樂園、大型ＩＰ的吉祥物對於自己的真面目與人設相當重視，聯盟也意識到球隊吉祥物不應該用真面目示人，因此大約在職棒七、八年後，就將操偶師的休息區往球場內的空間移動，讓球迷看不到「內餡」。

雖然在職棒籌備時期就已經準備好吉祥物，各隊也在職棒元年開打前就擇定隊伍吉祥物，但其實吉祥物一開始並沒有自己的姓名。兄弟的吉祥物是大象，而大象的英文是elephant，球迷除了直呼吉祥物是大象外，也有不少人用諧音「愛樂芬」來稱呼。因為一直沒有正式的名字，因此球隊後來規劃了吉祥物的命名活動，經過投票之後，確定的名字叫做「傑米」。

吉祥物傑米一家

吉祥物在場邊能有效的吸引球迷目光，在活動氣氛的推動上相當有效，因此球隊後來陸續推出母象和小象，營造大象一家子的氛圍。母象後來命名為「瑪莎」，小象則是「艾兒比」。

不過一家三口若要同時出現，就會需要三位操偶師，所以在實際的活動執行上，往往比較少見到一家團聚的場景。

二〇一三年十二月三日，兄弟象球團招開記者會，宣布將由中信金控承接球隊，兄弟象正式更名為中信兄弟。二〇一四年一月五日，中信兄弟在龍潭春訓，同時表示原本的兄弟象吉祥物「大象」會繼續保留，球隊的主色「黃色」也會持續沿用。

除了大象是群居動物，與球團想展現的團隊精神一致之外，我想如果這時候吉祥物換成其他動物，應該會讓許多老象迷無法接受，這最終的決定確實是許多老象迷樂見的結果。

新的吉祥物，新的氣象

雖然二〇一四年季初，中信兄弟決定保留原來的吉祥物及代表色，但是如何在歷史悠久的球隊中走出年輕活力的團隊特色，是當時球團積極思考的方向，包含了logo的主視覺、吉祥物的重新塑造等，都在球隊規劃中。

當時球隊找了台灣極具知名度的沛肯行銷操刀，設計了球團新的視覺「猛象」，同時吉祥物也重新設計。

有別於過去二十多年來吉祥物沒有明確人設，都是由操偶師透過每次實體活動來打造吉祥物個性，這次沛肯則直接設定好新的角色性格，並且邀請球團固定合作的操偶師一起進行人物設定。

一開始，設計團隊就有著明確的目標，決定用比較年輕的象來接替原來的傑米，以父子間的傳承代表中信兄弟承接了兄弟象球隊的概念。只是一開始行銷團隊配合猛象的形象，將新吉祥物的眼神設定得較為凶猛，經過幾次討論後，認為這會讓家庭親子較多的球迷感到過於突兀，因此將眼神做了修正。角色設定上則是傑米的兒子，帶點臭屁、中二的個性，展現活潑充滿朝氣的一面。

至於吉祥物的名字並沒有開放票選，團隊內部原本設定了幾個，後來直接以「小象」的諧音「小翔」作為新吉祥物的名稱，而「翔」這個字，也同時有著展翅飛翔的意涵。

原本傑米一家人包含了瑪莎與艾兒比，艾兒比的部分角色便設定是小翔的姊姊，名字簡化為「艾比」，至於傑米的另一半瑪莎，就決定跟著傑米一起引退。

吉祥物小翔登場

二〇一五年八月一日，從一九九〇年便現身跟著球隊一起成長的吉祥物傑米正式引退，讓許多喜歡傑米的象迷淚灑球場。

球隊新吉祥物在隔天登場亮相，活潑可愛的模樣很快就圈粉不少。

二〇二〇年季初，受新冠肺炎疫情的影響，包含美職、日職和韓職都無法順利比賽，當時只有中華職棒閉門開打。雖然有比賽，但不開放觀眾進場，只做電視轉播，也因此這時的中職賽程就格外受到矚目。

中信兄弟的吉祥物小翔在閉門比賽時，依然出現在空無一人的觀眾席本壘板後方，一邊燙衣服一邊看比賽，各種逗趣的畫面引起了ESPN記者的關注。當時記者李維拉（Marly Rivera）曾說，小翔的舉動讓大家找到了再次微笑的理由。

小翔在閉門的比賽轉播中，不僅舉牌介紹自己，還業配球團商品，各種可愛的動作讓許多國外運動媒體注意到，突然一夕爆紅，而有了「國際翔」的暱稱。

吉祥物的生日？

說了這麼多，我們吉祥物的生日，你們知道嗎？

我很認真查了很多資訊，網路不少新聞提到傑米的生日是一九九九年的十一月十一日。

問了相關的人員，其實已經很難追溯到為何傑米的生日會設定在這時候，而且如果傑米是小翔的爸爸，那麼一九九九年出生的傑米的確太年輕，不太符合吉祥物的人設。

至於小翔的生日並沒有任何資訊，應該是一開始便沒有對這個吉祥物設定相關的生日日期，但是小翔的初登場是在八月二日，也許可以用這樣的初登場日期設為生日。

小翔的姊姊艾比，根據過去新聞，她曾在四月十九日辦過慶生活動，至於為什麼是這一天，也真的不可考了。

PART 3 會經陪伴兄弟的周邊

今天一定會有美好的事，
發生在兄弟身上。

25

兄弟象第一張廣告合約

職棒開打後，台灣掀起了棒球熱潮，四隊都有明星球員，選手本身的商機正在蠢蠢欲動。母企業為百貨的三商虎，以及母企業為食品業的統一獅，分別有陳正中和宋榮泰拍攝了相關廣告，為母企業商品做宣傳。

除了這類型的廣告，更多的其實是公益類型，例如黃平洋就拍攝過反安非他命的廣告。

至於職棒史上簽下第一張非球團關係企業廣告合約的球團與選手，是兄弟象的李居明，而簽下這張廣告約的廠商是「保力達B」。

中職史上第一張商業廣告約

保力達B是一款中藥酒口服液，很受勞工朋友歡迎，當時市面上最受歡迎的兩款中藥口服液品牌就是保力達B和三洋維士比。

一九八七年，周潤發開始幫三洋維士比拍攝廣告，一句「福氣啦！」大受歡迎，不少粉絲都好奇為什麼三洋維士比有辦法請到國際巨星周潤發來拍，而且廣告內容相當接近勞工階層。

原來是因為維士比的老闆陳和順和周潤發是好朋友，更有傳聞說，當時周潤發拍戲被黑道脅迫控制，就是陳和順協助周潤發解圍。

總之，周潤發自從幫維士比拍了廣告後，後續帶來的效應與銷售量提升，都讓維士比公司相當滿意，這點讓保力達B備感威脅。畢竟對手找來周潤發這樣強勁的人氣明星拍廣告，要找到能與他相比且兼具草根性的人選，真的相當困難。

當時兄弟球團的呂茂雄經理與保力達B的廣告負責人在多次溝通會談後，決定由棒球先生李居明擔任品牌廣告男主角。

這一張廣告合約在協商時期其實讓大家傷透腦筋，畢竟過去沒有球員個人與廠商簽下廣告合約，而職棒選手還得留意到練習與比賽時間不能參加活動或進行拍攝，加上選手除了「肖像權」之外，還有「簽名」相關的權利都需要特別留意。因此在參考藝人的廣告合約後，以球隊球員的現況再做調整，相關條約還包含競業商品的條款，以及在商品外觀或贈品上如有需要球員簽名，都改以「簽名樣式」，代表可以用印刷的方式進行，不需要選手每一件親簽。

一九九一年八月一日，保力達B與棒球先生李居明簽下合約。合約內容是以八十萬的簽約金作為李居明為保力達B廣告專屬成員的條件，其中明定後續須拍攝三支廣告，而且相關廣告收入由李居明與兄弟隊六、四分帳。

這是中職第一份廣告商與選手簽訂的長期非公益性商業合約，代表了選手本身具有市場身價，能為自己與球團帶來另外的收入。

拍廣告比打球還累

李居明的第一支廣告花了四天拍攝。

一九九一年八月二十六日在台北市立棒球場開拍，隔天八月二十七日，拍攝團隊與李居明到兄弟龍潭棒球場取景。這兩天都是兄弟象沒有任何比賽的日期，廣告團隊把握時間拍攝廣告。

廣告團隊為了取材現場觀眾球迷的熱血歡呼聲，便於八月三十日前往位在台北市立棒球場龍象大戰拍攝，兄弟後援會為了鼓勵球迷朋友一起入鏡為李居明吶喊，還特別準備了千份禮物送給現場球迷。

而最後一天拍攝日，李居明則是不斷的進行接球、翻滾與滑壘的動作，包含了接高飛球三十四次、接滾地球十多次、翻滾和滑壘都十次。他拍完後直呼拍廣告比打棒球還要累、還要難，整天這樣拍下來，體力幾乎耗盡。

有了李居明這次談合約的經驗，球團與選手也對這樣的商業合作充滿信心且躍躍欲試，畢竟這不僅是球員和球團的額外收入，同時對球員與球團的曝光度也有提升，對於職棒初期積極製造明星球員的球團來說，可以說是相當利多的操作。

除了拍廣告，還有工地秀

我在蒐集過去的新聞資料時發現，一九九二年十二月七日的《中國時報》中曾提到，球團在球季結束後便積極安排各選手的「賺外快」行程，例如陳義信在一九九二年三月與服飾公司簽約成為專屬模特兒，球季結束後趁著到澳洲出遊時，拍攝了平面廣告。

除了與品牌合作外，球隊還幫選手接了許多「工地秀」。那時是工地秀正夯的時代，建商都會邀請知名明星藝人在建案開賣時表演宣傳，刺激買氣。當時成龍一場工地秀的價碼高達三百五十萬，而台灣演藝圈最高的價碼應該是豬哥亮的一場二十七萬。

球團當時也幫球員接洽了不少工地秀活動，球員出席這些活動依然與球團六、四分帳。李居明在一九九二年做了六場工地秀，拿到的六成拆帳約有十八萬，整體收入再加上球隊一起拍攝的廣告分潤，他在一九九二年賺廣告的外快收入就有三十萬，可以說是相當不錯了。

以目前的職棒廣告生態，許多廣告商和品牌商都很樂意和球團合作，包含大家看到的全壘打牆廣告、球團與品牌聯名的主題日，甚至冠名贊助球隊（例如樂天的海沃Home Run二軍），這些都能為球團帶來不少收益，同時提升品牌形象。許多選手會有品牌商的青睞，例如我自己就接過品牌大使、活動大使……等等。

運動員與品牌結合，一直是我覺得很不錯的合作模式，因為運動員多數都有著努力、真實且能信任的特質，再加上因為賽事總是能讓球員的情緒與球迷有更多連結，不管是透過主場賽事的廣告曝光或是球員個人的曝光，總是不斷的向粉絲提醒球團（或球員）和品牌之間的關聯，讓品牌的整體形象更加陽光、正向。

看起來是不是相當不錯？歡迎有興趣的廣告主多多來找我合作代言囉！

26

《兄弟》雜誌，滿足象迷的追星慾望

一九九〇年，職棒正式開打，《職棒雜誌》也同時誕生，最早是以半月刊的方式發行。這對喜歡職棒的球迷來說，可以說是一定要購買的雜誌，雜誌裡面提供了各隊的最新訊息與資訊。

一九九二年二月二十日，兄弟隊推出了一本頁數不多的《兄弟》季刊，這本季刊才四十頁左右，售價四十五元，創刊號的封面人物是兄弟的當家投手陳義信。

翻開這本季刊最後的訂購資訊，一次訂購四期，還加贈職棒三年的兄弟年鑑與筆記本，這樣只要一百六十元。這價格現在看起來相當便宜，就算是以當年的薪資水平來看，也不是太貴的消費。

球隊最早的正式出版品

這本由球隊出版的正式刊物，雖然只是四十頁的小冊子，內容現在看起來一點都不馬虎，裡面有全隊球員的簡介與月薪，有冬訓相關訊息（以現在時間來看是球隊春訓）、大嫂團採訪、明星球員的專訪等等，其中有滿滿的陳義信，包含陳義信跳韻律舞的照片、拍攝服裝廣告的照片……等，可以看出是個相當球迷取向的季刊。

值得一提的是，這本創刊號放入了兄弟隊從一九八四年開始的歷史。在當時策劃這樣的球隊刊物，還介紹球隊歷史，我覺得是很了不起的點子。

這本頁數不多的《兄弟》季刊發行後，因為銷量太好，讓球隊的人也充滿信心，沒多久就推出了《兄弟棒球隊專集》。這本刊物用的紙張厚度與品質相當好，專集內容有八個部分，可以說是兄弟隊詳細的介紹專書，包含了選手介紹、各地象迷啦啦隊的照片集錦、球隊吉祥物及視覺形象設計稿、隊史與球隊記錄。這本專集頁數雖然只有一百一十頁，定價新台幣三百元，以當時的法定基本薪資是一萬一千零四十元來看，三百元一本的雜誌其實頗貴，比當時內野一張票兩百元還貴了一百，但是這本刊物內有滿滿的彩色照片，而且印刷精美，當然還是吸引了象迷的搶購。

這本《兄弟棒球隊專集》推出後大獲好評，很快的，球隊又在三月推出了《李居明專集》、《王光輝專集》、《陳義信專集》。當時這三位球員可以說是兄弟隊的看板人物，每位都有一群死忠球迷，這三本滿滿球員個人照片的專刊推出後，又掀起了一陣搶購熱潮。

內容豐富的《兄弟》雜誌

這幾本初試啼聲的出版品讓兄弟隊團隊充滿信心，於是在一九九二年八月，《兄弟》雜誌正式誕生，以月刊的方式出版，一本定價一百四十元。每集內容都相當豐富，除了球員近況之外，還有一些球迷想知道的事，例如球員的另一半或生活趣事、球迷的問答、一些關於象迷或球場間的小故事。

據說《兄弟》雜誌能順利出刊，要歸功於當時在兄弟大飯店任職多年的呂茂雄。

洪騰勝對呂茂雄相當信任，兄弟象加入職棒後，許多行銷的點子都出自於他。當時洪騰勝問呂茂雄是否要自行發行雜誌時，呂茂雄表示只要加薪他就做，於是洪騰勝就放手讓呂茂雄一手策劃。

《兄弟》雜誌就是由呂茂雄、廖士堯與曾繁宗擔任主編，接著《兄弟棒球隊專集》則是由呂茂雄負責撰文，從內容規劃上不難發現都是在迎合球迷的好奇與喜好，發行初期每一本都相當熱賣。

《兄弟》雜誌雖然不是中職史上第一個由球隊出版的專屬刊物*，但是發行的時間最長，讓球迷每個月都能透過雜誌更加認識球隊與選手。對球隊來說，想要塑造明星球員或製造話題，也能利用雜誌進行相關行銷宣傳，可以說是在職棒初期培養自家球迷忠誠度的重要媒介之一。

如果從《兄弟》雜誌自一九九二年八月以月刊方式正式發行算起，當過最多次封面人物的是棒球先生李居明，總共八十八期的刊物，李居明出現在封面的次數就高達十一次，可以想見當時他受歡迎的程度。

接下來，其他球隊也陸續推出了雜誌，例如三商虎的《虎虎虎》、味全

*統一獅的《獅子棒》雜誌於一九九一年發行，為中職史上第一個由球團發行的刊物。

龍的《龍族》。而兄弟球隊則為了每個月發行雜誌，還特地成立了專門負責的部門。

在八十八期畫下句點

不過雜誌的經營也不是一直都能維持在尖峰的狀態，畢竟每個月至少要達到一個損益平衡點的發行量，才能有足夠經費維持運作。在發行初期，因為是職棒剛創立的前幾年，球迷對於球隊的任何事物、任何商品都很熱衷，雜誌當然也會被球迷訂閱、購買。不過，職棒剛成立的流量紅利不可能一直持續，雖著時間推進，棒球熱度就會慢慢趨於平緩。

一九九六年爆發了時報鷹許多球員被簽賭的地下組頭收買打假球的「黑鷹事件」，讓許多喜歡棒球的球迷感到失望，看球的人潮開始下滑。隔年台灣大聯盟正式開打，台灣進入了同時擁有兩個職棒聯盟的分立時代（中華職棒聯盟與台灣大聯盟），兩聯盟的分立又讓球迷流失不少。就在這時，《兄弟》雜誌的訂閱銷售數量開始減少。

為了節省開支，兄弟象後續調整組織，從一開始雜誌部門人力縮減，接著到雜誌部的裁撤，因此後期相關的內容、文章，甚至是請商品部和宣傳行銷部會寫文章的人員投入製作，才能順利出刊。

一九九九年，李居明跳槽加入台灣大聯盟，徐生明因為不願意配合打假球被黑道刺傷，當年還發生了九二一大地震，讓願意入場看棒球的球迷愈來愈少。中職的人氣低迷到不知該如何是好。

一九九九年球季結束後，十一月號的《兄弟》雜誌就是最後一期出刊，總共八十八期的刊物至此正式畫下句點。

小時候，零用錢還不多的我，無法購買《兄弟》雜誌，當時想看都是跟朋友借，後來長大了，才一本一本將雜誌蒐集回來。即使已經過了十多年，重新再看這些雜誌，還是覺得當時的企劃相當有意思，可以說是非常懂球迷想要與想看的重點。

有一次我翻閱到其中一期討論著台北大巨蛋的相關內容，在將近三十年後的今天，我們居然已經實現了在大巨蛋比賽的美夢，想想還是覺得很不可思議。《兄弟》雜誌當年的內容，還真的頗有前瞻性哪！

27

《象報》，專屬球迷的雙週刊

職業球團要凝聚球迷最好的方式之一，就是成立後援會。以目前各球團的經營模式，大概就是讓球迷朋友購買季票、各類型會員卡，透過會員卡的制度提供球迷朋友優先購票、商品優惠、活動參加優先權等福利，而比較積極的球團則會透過ＡＰＰ與會員互動，建立球迷朋友與球團間的忠誠度和黏著度。

其實，這跟許多大型品牌、購物網站建立的會員制度很像，透過這些大數據可以獲得很多行銷上的方向，同時也能提供專屬的服務來帶動品牌的基本銷售。

不過，在三十多年前網路不發達的時代，是怎麼建立會員組織並透過會員組織動員呢？兄弟象從一開始就很積極的打造球迷市場，創立了相當龐大的後援會。

職棒元年（一九九〇年）的下半球季，聯盟針對進場球迷做了意見調查，這個意見調查的資料包含了個人姓名與聯絡地址，而這意見調查的其中一題，便是詢問球迷喜歡哪支球隊。聯盟在蒐集好相關的資料後，便根據球迷填寫的喜歡球隊分成了四大份，分送到四個球隊。

後援會的出現

在當時還沒有開始實施個資法的年代，球迷自己填寫的資料就能被取得的球團運用，因此兄弟象收到了上萬份的資料後，便開始積極整理分類與建檔。只要當時填寫最喜歡球隊是兄弟象，並有留下完整的收件資料，基本上在職棒二年（也就是隔年）都會收到一張會員卡和「象友傳真」。

對，這些當時填寫資料的朋友們，就這樣自然而然、算是被強迫（？）入會了；也可以說，兄弟象後援會就是在利用前一年聯盟的意見調查資料後，順勢成立的球迷組織。這時期的兄弟象後援會因為有象友傳真的小冊子，也有不少人稱作「象友會」。

在當年，加入這個兄弟象後援會不需要繳交任何費用，只要將自己的基本資料用明信片寄到指定位置，或是到與兄弟象合作的體育用品店填寫入會資料，都可以免費拿到會員卡並取得一份象友傳真，甚至有兄弟出場比賽的球場都能拿到象友傳真。

兄弟後援會就在這樣努力推廣下，一直到職棒三年底，會員已經超過五萬五千人。不過這幾年這樣的球迷組織，除了球團會寄送會員卡和刊物外，在其他的組織運作和行銷活動上並沒有看到更多規劃，但以當時手邊五萬五千人的龐大會員數來看，重複或資料錯誤的名單數也很多，為了能好好的重新組織和管理，並期望提供更多服務給這些球迷，因此在職棒四年（一九九三年）重新整理了之前的會員資訊，並將兄弟象後援會正式更名為「大象會」，會員費一年三百五十元。

加入「大象會」

要怎麼讓大家來加入大象會呢？又該如何將大象會的資訊傳遞出去？還記得前面說過，兄弟象後援會已經收集了超過五萬五千人的資料了，球團在大象會正式成立前，已經規劃要為這球迷組織製作雙週刊，因此在一九九三年四月，總共製作了兩期試刊號，分別是四月一日的〇號和四月十六日的〇・五號。這兩份刊物先免費寄送給之前的兄弟象後援會（也就是象友會）成員，而從一九九三年五月一日開始的第一期，則是有加入大象會的會員才會收到。

球團在大象會正式成立的前三個月，收到了超過一萬名入會的會員，成績相當可觀。而付費加入大象會的成員，有下列福利：

- 大象卡：在兄弟飯店住宿享優惠、到象迷俱樂部買出版品享九折優惠、參加每年一度的象友會。
- 大象會會旗
- 兄弟象護照：可以放三張會員卡，以及一張大象守則。
- 生日卡：有機會抽到球員親筆的祝賀生日卡！
- 枕頭套

有趣的是，在職棒四年開打前，球團已經開始針對隔年大象會的贈品做了問卷調查，枕頭套就是象迷自己票選出來的大象會入會贈禮。

專屬刊物《象報》

《象報》是大象會成員才能獲得的刊物，而同年也已經有了《兄弟》雜誌，因此《象報》的內容取向必須更貼近會員經營，其中有許多與球迷的互動，例如會員相關活動資訊、商品購買資訊、球團徵人資訊……等，都會在《象報》中看到。

球迷也能自己投稿說說心裡的話，每一期都有會員的生日祝福版面，以及被抽中球員親筆祝賀生日卡的名單，是版面雖不多卻相當熱鬧的會員刊物。仔細看這些球迷投稿資訊，除了對選手的各種告白、對暗戀的對象告白，也能看到一些球迷組織在各地成立自己的分會進行成員招募。

原本二十四期三百五十元的《象報》，大概在一九九五年改成二十四期五百元；而原本每月一日、十六日出刊，從第八十一期（一九九六年九月）開始改為五日、二十日出刊。主要的原因是要避開每月一日有許多雜誌發行與寄送，為免郵務繁忙之下讓《象報》被延誤寄送，因此《象報》在收到許多會員反應後，便從善如流調整了每兩週的出刊時間。

在一九九七年十月二十日出刊的第一〇八期，便預告了《象報》即將走入歷史。畢竟過去透過《象報》來傳遞各種活動訊息及相關的報導內容，在《兄弟》雜誌也有部分內容雷同。對球團來說，要同時經營每月出刊的雜誌及每兩週要出版的球迷刊物，應該壓力相當沉重，因此決定將這兩份出版品進行整合。

《象報》在一九九七年十二月二十日發行後，便正式走入歷史，從一九九三年五月一日開始發行第一期，直到一九九七年十二月二十日，這五年間總共發行了一百一十二期。

※補充說明一：大象會的英文簡寫是ELELUB，是ELEPHANTS CLUB的組合字，念起來是台語「愛你啦！」的諧音。

※補充說明二：大象會有十點守則，守則與球隊的明星球員名字綁在一起，相當有趣：

- 對人有禮貌，好像李居明。
- 永遠超越自己，好像林易增。
- 做事有信心，好像陳義信。
- 不怕艱難挑戰，好像王光輝。
- 鬥智不鬥力，好像吳復連。
- 意志堅忍不拔，好像洪一中。
- 謙虛不驕傲，好像陳憲章。
- 天天笑口常開，好像王俊郎。
- 全心愛兄弟，大聲加油鼓掌。
- 溫柔疼大象，不用象牙產品。

28

年輕世代沒看過的棒球收藏

在整理一些過去的老兄弟收藏、翻閱《兄弟》雜誌時，發現有個東西在我這個世代很常見，但應該年輕世代幾乎都沒見過。過去的《兄弟》雜誌除了曾經專文推薦這個周邊，雜誌與《象報》也放了不少推坑廣告，不斷的提醒忠實象迷數量有限，要盡快收藏。

你猜猜，是什麼東西已經消失在我們生活裡呢？但是過去可是有過一股小小的收藏熱唷！

是「電話卡」，你猜對了嗎？

年輕朋友沒看過的收藏品

如果有看過、使用過這玩意的，應該都三十五歲以上了。二〇〇〇年後出生的小朋友，可能多數沒看過這玩意。

在還沒有手機、B. B. CALL的年代，即時的聯絡就是透過電話。家家戶戶都會有室內電話，街道上則是有不少公共電話。早先的公共電話都是投幣式的，每次投幣打電話就是看著錢一直一直減少，想講久一點就得一直投硬幣進去。

我查了一下新聞資料，在一九八四年七月，台灣引進了第一台插卡式的電話機，接下來插卡的公共電話就愈來愈普及，那時候幾乎每個人的皮夾內或是包包內都會有一張電話卡。

電話卡上面有一條白白的線，每次插卡通完話後，就可以看到白色線上有黑色的扣款痕跡。當時還有一個都市傳說，就是拿立可白去塗電話卡的黑色部分，塗平整，就有機會讓電話卡「多用幾塊錢」，雖然我自己從來沒成功過就是了。

當時的電話卡面額多半是一張一百元，有時會有特殊面額卡，不過我記憶中都是一百元居多。除了在電信局還有一些商店可以購買，印象中便利商店也能買到。

一九九三年二月，電信局開放民間可以刊登廣告在卡面上後，吸引了不少人詢問，而電話卡的卡面因此變得更多元豐富。根據一九九三年六月二十四日《聯合報》報導，兄弟象委託電信局製作了「兄弟四寶」電話卡，限量一萬套，這四寶的選手分別是：陳義信、李居明、林易增、王光輝。

有時代感的熱賣商品

當時這套電話卡每張面值五十元，一套四張含收藏專冊的價格是八百元，消息才曝光還沒正式開賣，就吸引了不少球迷關注。新聞中還提到，當時只要先確認預約成功，拿到預約收據，轉手賣就是一千兩百元起跳，等於電話卡還在預購中就開始增值了！

而從《兄弟》雜誌中也能看到球團相當重視這次委託電信局製作的電話卡，因為兄弟象是職棒隊伍中第一個推出電話卡周邊的球隊，不難發現球團很努力的透過《兄弟》雜誌、《象報》等各種廣告推坑。

兄弟那時還曾推出「兄弟職棒票」（類似郵票的紀念票性質，但不具備郵票功能），因此兄弟電話卡的預購活動還將兄弟職棒票包套一起宣傳。

有趣的是，球團同時間也一起推廣雲門舞集二十週年電話卡，至於雲門舞集和球團有什麼樣的合作關係，就不得而知了。

也許是這波行銷還算成功，後續兄弟象陸續推出了好幾次電話卡讓球迷收藏，包含當代十四名將卡、總冠軍紀念卡、創隊十週年卡……等等。即使這種電話卡式微，公共電話改用了ＩＣ晶片卡後，球團還是有推出ＩＣ電話卡周邊，只是收藏熱度應該就沒有早期推出電話卡這麼熱門。

後續手機問世，公共電話的需求愈來愈低，電話卡也愈來愈少見了。現在路上幾乎不容易看到公共電話，插卡式的公共電話逐漸被淘汰中，我想很多年輕球迷可能連這樣的電話卡都沒看過，當然現在也不可能再推出這樣的商品供球迷收藏了。

會知道這類收藏品，真的太暴露自己的年紀啦！

29 文人齊聚的棒球小說獎

你能想像一個充滿文學氣息的小說獎、極短篇的比賽，是由職棒隊伍所主辦的嗎？兄弟象在一九九三年便做了這件事。

當時這個活動匯聚了許多棒球文學人才，即使過了三十年，再看棒球小說獎的內容仍然覺得相當精采。

從出版棒球小說開始跨界文學

根據梁功斌在「台北市立棒球場」Podcast中提到，當年棒球小說獎的推進，最重要的關鍵人物是兄弟的企劃經理呂茂雄，這是他提出的點子與理想，包含了參加時報廣告金像獎、辦文學比賽等。呂茂雄認為既然已經幫球隊賺錢了，那麼籌辦這些企劃活動、出版品等等，應該沒什麼大問題。

那時負責《兄弟》雜誌編輯的廖士堯也說，當年在這球隊工作的人，不管是不是球迷，只要進來工作幾個月，就會自然而然成為球迷，心裡想的事情也都會繞著棒球和兄弟象這支球隊在轉。雖然整個組織沒有什麼年度計畫，但棒球小說獎就這樣產出了。

那時的出版部門分成兩個組，分別是錄影組與叢書組。叢書組的其中一個目標就是先出版關於棒球主題的短篇小說作品，因此開始向許多作家邀稿，將棒球與文學做一個結合。

叢書組就曾經向劉克襄、李潼、廖咸浩、楊照與侯文詠這五位在文壇頗具聲量與盛名的作家邀稿，集結成《棒球小說爭霸戰第一局——幸球場的決鬥》，這本書在一九九三年七月正式出版。而在出版前，《兄弟》雜誌於二月號、三月號分別連載了劉克襄的〈幸球場的決鬥〉。

在這五位作家的棒球短篇小說集結出版前，叢書組同時進行了「第一屆棒球小說獎」的活動。

唯一的棒球小說獎

棒球小說獎的宣傳期大約三個月，從一九九三年三月份的《兄弟》雜誌及《象報》上就開始宣傳。從資料中可以發現，球團做這個活動是「來真的！」，三月開始宣傳與收件，截稿日期是六月十五日。

除了兄弟棒球隊是主辦單位，協辦單位還有中職聯盟、《聯合晚報》與《聯合文學》，徵文種類為短篇小說與棒球極短篇兩大項，獎項包含了短篇小說首獎、評選獎與學生新人獎；棒球極短篇則設了推薦獎，每個獎項都有獎金與獎牌。初選的評審委員包含了初安民、張大春、翁嘉銘、劉克襄與梁功斌，都是非常具有代表性的文壇人物。

據說光是主辦第一屆棒球小說獎，球隊就投入了將近一百五十萬元的行銷預算及獎金費用，以當時來說是一筆不小的行銷支出。這樣的文學獎活動，如果從商業角度來看，不算是一個能為球隊帶來太多實質利潤的活動，但是整個活動的執行企劃上，卻讓人覺得透過小說的親和力與通俗性，能與棒球結合出「棒球文化」，更容易深入人心且有血肉。這點即使在現在看來，我都覺得相當宏觀且有遠見。

第一屆棒球小說獎的得獎結果，公布在一九九三年十月的《兄弟》雜誌上，得獎名單如下：

短篇小說獎

首獎：張啟疆《兄弟有約》

評選獎：王聰威《如果是傷懷》

學生新人獎：謝運昌《堤邊的追逐者》

評審特別推薦獎：柯宗明《九局下半》

極短篇推薦獎

楊敏《陪你看棒球》

黃瑋琳《兩人出局》

吳立中《成長》

吳明益《關於一只界外球》

張啟疆《不完全比賽》

這期的《兄弟》雜誌除了公告得獎名單，連決選過程都有部分會議記錄記實刊登，顯示出整個過程相當嚴謹。這些得獎者，有許多人現在依然在文壇上持續發光發熱，例如王聰威為《聯合文學》總編輯，而吳明益的《天橋上的魔術師》改編為戲劇也大受歡迎。

第一屆棒球小說獎辦得熱熱鬧鬧，可惜就沒有第二屆、第三屆了，印象中也沒有其他球團辦過這樣將運動與文學結合的行銷活動。主要原因除了後來的職棒環境不是太好之外，我想這樣一個無法真正帶來商業效益的活動，對職業球團來說，不太會有動力去企劃與進行。

有時翻閱《兄弟》雜誌和相關書籍，會覺得早期的兄弟象行銷團隊有相當多元的創造力，沒有框架感，有很多大膽的嘗試與創新的想法。很感謝過去這些人不可思議的創意，為棒球活動帶來許多可能性與有趣多元的一面！

30

兄弟也曾踏入唱片圈

你知道兄弟象還曾經開過唱片公司、踏入唱片界嗎？

嚴格來說，雖然這不算是兄弟象球團的業務，而是洪家人，也就是「兄弟」這個財團的相關企業，但是既然洪家人要做唱片，一定不會遺忘自家最受歡迎的棒球隊與棒球明星。

在九〇年代職棒成立後，台灣陷入棒球熱潮，也塑造出不少棒球明星，一九九二年味全龍的當家投手黃平洋就推出過個人專輯，也是中職第一位出個人專輯的選手。不過以球團的關係企業正式踏足唱片圈，並規劃自己選手的發片計畫，兄弟象真的是前無古人也後無來者啊！

第一個由球團企業開的唱片公司

一九九六年十二月二十七日，「新兄弟唱片」正式宣告成立。這天的記者會由棒球先生李居明與歌手是娟共同出席活動，正式宣布兄弟踏入唱片圈，同時也說明了未來的出片計畫。

棒球先生李居明可以說是球隊當時最受歡迎的選手，因此新兄弟唱片也規劃李居明隔年要推出音樂有聲書，除了唱歌，還會口述分享他多年的棒球生涯，而當時唱片公司的總監便是創作兄弟象隊歌詞曲的林國榮。唱片公司一開始就目標明確的想把這些堪稱媒體寵兒的職棒明星與歌手做搭配。

其實在正式召開記者會前，以音樂事業為主的「新兄弟唱片股份有限公司」已經在一九九六年四月十七日成立，這一年也是台灣大聯盟很積極在挖角中華職棒聯盟的選手。這一年球季結束後，已經有部分選手確定跳槽到另一聯盟，因此在十二月二十七日記者會這天，總監林國榮便提到因為另一個聯盟成立，兄弟象隊少了一位明星球員陳義信，士氣大受影響，於是他規劃為球員推出專輯，是想幫球員提振士氣，並且有回饋球迷的意義。

新兄弟唱片公司成立後推出的第一張專輯，是一九九二年推出的《是娟女子》。是娟的本名是陳世娟，曾得過第五屆大學城創作歌謠比賽第二名和第九屆木船民歌大賽的冠軍，可以說是新兄弟唱片公司備受期待的新人。不過是娟當時因為外型被許多人抨擊，但她其實相當有才華，這張專輯中的歌曲幾乎都是她自己作詞作曲。她過去也曾幫迪士尼電影《獅子王》中文版唱過主題曲，可以說是才女型歌手。

我後來再去搜尋是娟的音樂，擅長藍調與爵士的她，歌曲都相當好聽，聲音柔美舒服，一直以來，她的歌聲與歌唱技巧在業界都頗受好評。

在記者會當天，除了宣布李居明將推出專輯，以及是娟為第一波強打歌手外，也同時發布了兄弟隊另一位大明星王光輝，也是規劃發片的選手之一。這一波操作讓許多球迷相當期待。

可惜，後來期待小小落空了，因為李居明和王光輝最後都沒有正式發過唱片。

曾經的簽約歌手

你也許沒聽過新兄弟唱片，但新兄弟簽下的歌手你應該會知道。當時有部分歌手其實小有名氣，有幾位後來在演藝圈也闖出知名度。根據我蒐集到的新聞資料顯示，當時與新兄弟唱片簽約的歌手有洪瑋、蕭薔、陳德容、李李仁、陳寶蓮……等等。

蕭薔是九〇年代相當受歡迎的女星，在一九九〇年和台灣褲襪品牌伊蕾絲合作拍了褲襪廣告而大受歡迎，不過在一九九七年和新兄弟簽約後並沒有出片。

李李仁則是因為有朋友看到新兄弟唱片在招考歌手，他在朋友慫恿下報名參加比賽，雖然沒有獲獎，但被新兄弟看中簽下了一紙唱片約。他在一九九七年以《不愛的不是我》專輯出道。

雖然簽了些歌手，陸續推出專輯，但新兄弟唱片走得不算順遂，甚至在一九九九年一月就宣布即將歇業，從一九九六年成立公司，到一九九九年宣布不玩了，連三年都不到。

當時許多人歸因為老闆是外行人，雖然洪家事業跨足貿易、飯店、球隊、出版……等等，但不同領域的專業需求不同，許多業內人士都覺得以當時兄弟的財力絕對足夠，但在整體的規劃與經營方針都外行的情況下，公司的營運就不如預期。

　洪家在幾番思考後，決定將經營唱片事業的經費省下來，投入在兄弟飯店的改裝上，於是兄弟的這場唱片夢就直接畫下了句點。

　據說，為了消化這些唱片的庫存，兄弟有好幾場比賽的商品部攤位都有賣便宜的ＣＤ，價格是以超低價格的五十或三十元拋售，而唱片公司最後也完成了歇業程序，正式解散時間是在二〇〇一年六月。

兄弟記事年表

西元一九八四年（民國七十三年）

九月一日，兄弟飯店棒球隊成軍（乙組球隊），並由曾紀恩擔任總教練。

西元一九八五年（民國七十四年）

三月十二日，十七比零大勝省體，晉級成為甲組成棒第十隊。

四月四日，兄弟龍潭棒球場動工興建。

參加中正盃棒球賽，獲得第四名。

參加國慶盃棒球賽，獲得第二名。

西元一九八六年（民國七十五年）

參加第一屆甲組成棒聯賽奪得冠軍。

兄弟創下甲組成棒聯賽十四連勝輝煌紀錄（該紀錄於民國八十四年被中信鯨十六

連勝打破）。

參加中正盃棒球賽，獲得第四名。

十一月一日，兄弟龍潭棒球場啟用，宣布將朝棒球職業化邁進。

西元一九八七年（民國七十六年）

第二屆甲組成棒聯賽，獲得第三名。

參加國慶盃球賽獲得冠軍。

十二月三十一日，洪騰勝為籌組職棒大力奔走，味全、統一、長榮海運一同成立「職業棒球推動委員會」。

西元一九八八年（民國七十七年）

參加中正盃暨春季聯賽榮獲冠軍。

七月七日，贊助新竹棒球場電子記分牌。

參加國慶盃暨秋季聯賽榮獲冠軍。

七月二十九日，「職棒籌備委員會」成立，確認味全、統一、三商、兄弟為創始四球團。

九月五日，職棒籌備委員會召開記者會，四隊正式公開。

西元一九八九年（民國七十八年）

參加甲組成棒春季聯賽獲得第二名。

參加秋季聯賽獲得第二名。
九月十八日，職棒洋將選秀會在兄弟棒球場舉行。
十月二十三日，中華職棒聯盟在兄弟飯店舉行成立大會，由時任棒協理事長唐盼盼出任聯盟會長，洪騰勝為祕書長。

西元一九九〇年（職棒元年）

一月十日，成立中華職棒事業公司，洪騰勝被推舉為第一任董事長。
三月十七日，中華職棒元年開幕戰在台北市立棒球場開打，由兄弟象出戰統一獅，最後兄弟象以三比四輸給了統一獅。
三月二十二日，李文傳在新竹以六比零完封獅隊，為兄弟象隊史第一場勝利。
職棒元年，兄弟象以聯盟排名第四名坐收，成績並不理想。

西元一九九一年（職棒二年）

一月，旅日名將陳義信，以及吳復連加盟兄弟。
一月十五日，聘森下正夫為副總教練。
五月一日，洪瑞河接替洪杰出任領隊。
八月十六日，保力達與李居明簽下廣告合約，李居明為中職第一位與廠商簽約的職棒選手。
十一月十四日，森下正夫任代總教練。

西元一九九二年（職棒三年）

二月，《兄弟》雜誌創刊。

五月二十一日，尼洛在台中的龍象戰以四比零完封勝，為中職史上第二場無安打比賽。

六月二十日，兄弟象隊在台南球場以十一比一大勝獅隊，該場比賽為兄弟隊史第一座季冠軍。

十月二十四日，兄弟象隊贏得下半季冠軍。全年戰績五十一勝三十五敗四和，勝率〇・五九三。

十月三十日，兄弟象隊與味全龍、三商虎、統一獅組成的明星聯隊進行「金冠軍挑戰賽」，採七戰四勝制。

十一月五日，兄弟象以九比八擊退明星聯軍，以四勝二敗的成績獲得金冠軍。

十一月七日，山根俊英接任總教練。

西元一九九三年（職棒四年）

七月二十八日，台北象鷹戰，象隊連續一百場得分（止於一百一十場）。

八月十四日，兄弟象與俊國熊因雨二度暫停比賽，自六時二十七分進行至次日零時六分結束，經歷五小時三十九分，為中職史上第一場跨日大戰。

十月二十三日，兄弟象與統一獅在總冠軍系列戰，以戰績四勝二敗封王，二連霸達成。

西元一九九四年（職棒五年）

八月二十八日，兄弟象迷因為不滿前一場判決，蛋洗球場，並拋下大量冥紙以示抗議。

十月十五日，兄弟象隊擊敗味全龍封王，為隊史第一次三連霸。

西元一九九五年（職棒六年）

三月二十五日，兄弟象領隊洪瑞河向聯盟提案「假性主客場制」通過。

四月七日，陳義信以七十八球完封時報鷹，為中職史上單場最少球數完封勝及完投勝。

十二月二十五日，江仲豪接任代理總教練。

西元一九九六年（職棒七年）

八月三日，陳義信、洪一中、李文傳、陳逸松、吳復連五人，在台中遭黑道持槍押走。

十一月十二日，陳義信、洪一中、吳復連跳槽那魯灣。

十二月九日，葛雷諾跳槽那魯灣。

西元一九九七年（職棒八年）

七月十八日，兄弟象以六比五擊敗味全龍，創下職棒八年對龍九連勝，以及跨季十連勝。

八月三十日，林易增在台中對三商的比賽，於第七局盜壘成功，也是中華職棒史上第一位達到二百五十次盜壘成功紀錄的球員。

西元一九九八年（職棒九年）

二月七日，兄弟領隊洪瑞河表示，如果象隊今年再發現所屬球員涉賭，球隊將以解散的方式向社會大眾表示負責。

三月二十四日，兄弟林易增在對三商的比賽中，第一局就奔回本壘得分，成為中華職棒史上首位得分破五百的球員。

西元一九九九年（職棒十年）

一月八日，中山俊丈接任總教練。

七月三日，龍象大戰因大雨需整理場地，延遲至八時十四分開打，為中職最晚開賽紀錄。

九月一日，兄弟象隊成軍十五週年。

西元二〇〇〇年（職棒十一年）

一月二十七日，王光輝案高院改判那魯灣敗訴，認為那魯灣以高薪與王光輝簽約，「屬於惡性挖角行為」。

七月十五日，兄弟象達成第一千場職棒賽里程碑。

西元二〇〇一年（職棒十二年）

五月二日，兄弟象於新竹棒球場以四比二擊敗和信鯨，拿下隊史第五百勝。

十月十四日，兄弟象以七比五擊敗統一獅，取得職棒十二年的年度總冠軍。

西元二〇〇二年（職棒十三年）

六月八日，兄弟象隊在台中球場以五比三擊敗興農牛隊，贏得上半季冠軍。

十月十五日，總冠軍賽第三戰，兄弟象以直落三戰績擊退中信鯨，拿下年度總冠軍（二連霸）。

西元二〇〇三年（職棒十四年）

九月二十七日，兄弟象隊在天母棒球場以五比零擊敗興農牛隊，下半季封王。

十月十八日，總冠軍賽系列戰，兄弟象以四勝二敗的成績擊退興農牛，拿下總冠軍，完成第二次三連霸。

西元二〇〇四年（職棒十五年）

六月二十六日，王光輝於花蓮棒球場正式引退。

十月十二日，兄弟象以七比二擊敗統一獅，為隊史上第七百場勝。

西元二〇〇五年（職棒十六年）

六月二十六日，兄弟象與中信鯨的比賽二度中斷，最終比賽時間長達六小時三十四分。

十月二十四日，吳思賢接任總教練，為兄弟隊史上第八位總教練。

西元二〇〇六年（職棒十七年）

十月十日，王光輝接任總教練。

西元二〇〇七年（職棒十八年）

四月二十二日，兄弟象對戰誠泰，全場共敲出十六支安打，終場以十七比九獲勝，為兄弟象隊史第八百場勝利。

西元二〇〇八年（職棒十九年）

九月二十日，彭政閔於新莊棒球場面對La New熊強森擊出隊史第一千支全壘打，最終兄弟象以六比三擊退La New熊。

十一月二日，兄弟象與統一獅的總冠軍賽系列戰，第七戰遭到統一獅完封，兄弟象錯失總冠軍。

西元二〇〇九年（職棒二十年）

一月八日，兄弟球團與二〇〇八年底特別選秀會指名選進的周思齊、柳裕展、陳致鵬三名球員，簽下加盟合約。

十月二十六日，檢調單位搜索兄弟象球員宿舍，兄弟象召開記者會證實，並表示配合檢調單位調查。

西元二〇一〇年（職棒二十一年）

一月四日，業餘四位好手張志豪、張正偉、朱偉銘、簡富智加盟兄弟象。

一月六日，投手廖于誠承認收受放水酬勞，兄弟球團立即與廖于誠解約。

十月二十三日，兄弟象在總冠軍系列戰中，以四連勝擊退興農牛，贏得總冠軍。

西元二〇一一年（職棒二十二年）

六月二十一日，榊原良行教練回鍋擔任兄弟象隊首席教練。

九月二十五日，兄弟象對戰Lamigo桃猿，彭政閔擊出隊史第一千一百支全壘打，張志豪擊出隊史第兩千支安打，最終兄弟象以九比二拿下勝利。

西元二〇一二年（職棒二十三年）

三月十七日，林煜清初登板，為聯盟開幕戰首位新人初登板先發勝投的投手，也是兄弟隊史首位新人初登板先發勝投手。

七月八日，兄弟象於天母棒球場對戰統一7-ELEVEn獅，以四比零拿下勝利，也是隊史第一千一百勝。

西元二〇一三年（職棒二十四年）

三月十八日，謝長亨接任總教練，陳瑞振至二軍擔任教練兼球探。

十月十九日，兄弟象球團召開記者會，宣布兄弟象將轉賣。

十二月三日，兄弟象隊球團和中信金控副董事長薛香川共同召開記者會，宣布以四億元轉賣給由中信贊助的華翼育樂公司。

十二月十七日，中華職棒聯盟常務理事會通過兄弟象隊球團轉賣案。

西元二〇一四年（職棒二十五年）

一月五日，宣布球隊更名為「中信兄弟」隊。

一月七日，中信兄弟聘請中國信託商業銀行顧問陳正宏先生擔任球團總經理暨領隊一職。

一月二十八日，中信兄弟召開記者會，宣布以五年三千三百萬元簽下周思齊續留兄弟。

西元二〇一五年（職棒二十六年）

一月，中信兄弟第一任隊長由周思齊擔任。

四月十二日，中信兄弟與現場一萬七千七百二十三位球迷進行波浪舞金氏世界紀錄挑戰，以九分四十一秒的連續波浪舞，打破原金氏世界紀錄。

十月七日，中信兄弟以十比五氣走Lamigo桃猿，贏得下半季冠軍。

西元二〇一六年（職棒二十七年）

一月四日，大師兄林智勝加盟中信兄弟。

一月十一日，鄭達鴻加盟中信兄弟。

六月十日，中信兄弟在洲際棒球場以七比五擊敗義大犀牛，拿下上半季冠軍。

西元二〇一七年（職棒二十八年）

四月十一日，中信兄弟於澄清湖球場面對統一7-ELEVEn獅隊比賽，達成跨季連續十六場全壘打紀錄（二〇一六年十月八日至二〇一七年四月十一日）。

十月二十三日，在季後挑戰賽系列戰以三勝一敗擊退統一獅，晉級總冠軍賽。

西元二〇一八年（職棒二十九年）

六月九日，艾迪頓助球隊以十一比零大勝統一獅，為本季第一場無安打比賽。

九月二十八日，紐維拉以一比零氣走Lamigo，為本季第二場無安打比賽，也是中職史上第一個單季兩場無安打比賽的球隊。

西元二〇一九年（職棒三十年）

一月三十日，彭政閔宣布當年為最後一個球季。

四月二十一日，陳江和引退。

四月二十八日，在新莊球場與富邦悍將的比賽，中信兄弟以十四比四大勝，這場比賽周思齊擊出雙響砲、里迪、陳子豪、詹子賢與張志豪都有全壘打表現，中信兄弟單場六支全壘打也平了隊史紀錄。

九月二十九日，彭政閔引退。

十月一日，中信兄弟在台中洲際棒球場以八比三擊敗了富邦悍將，獲得下半球季冠軍。

西元二〇二〇年（職棒三十一年）

一月一日，任彭政閔為副領隊與農場主管，王建民到二軍擔任客座教練。

七月十四日，中信兄弟在台南棒球場以六比一擊敗統一，獲得上半球季冠軍，為隊史的第十六次半季冠軍。

西元二〇二一年（職棒三十二年）

五月十五日，因新冠肺炎疫情嚴重，職棒比賽也因此暫停。

七月十三日，職棒比賽恢復，入場須配合防疫政策。

八月十七日，在桃園球場以九比四擊敗樂天桃猿，中信兄弟上半季封王，為隊史第十七次的半季冠軍。

十二月一日，中信兄弟在總冠軍系列戰中，以四連勝擊敗統一獅，是中信集團接手後的首座總冠軍。

西元二〇二二年（職棒三十三年）

二月二十五日，中信兄弟正式納入中信金控集團旗下。

七月一日，四局下，詹子賢對霸林爵打出二壘安打帶有一分打點，為隊史第一萬五千分打點，同時為聯盟第二支達成隊伍。

十月二十二日，樂天桃猿與味全龍以五比五和局，中信兄弟非自力下半球季封王，取得季後挑戰賽資格。

十一月九日，以四勝零負擊敗樂天桃猿拿下總冠軍，完成二連霸。

西元二〇二三年（職棒三十四年）

一月二十六日，於屏東中國信託公益園區進行春訓開訓典禮，目標三連霸。

五月十日，中信兄弟隊球團教練團異動，總教練改彭政閔接任。

十月二十二日，中信兄弟九比十一敗給樂天桃猿，無緣總冠軍賽。

十二月二十九日，宣布由平野惠一擔任新球季總教練。

西元二〇二四年（職棒三十五年）

三月二日，於台北大巨蛋與日本讀賣巨人進行交流賽。

三月十五日，周思齊於記者會中宣布球季結束後，便卸下球員身分，正式引退。

八月三日，韓國巨星泫雅出席K歌主題日，引起轟動。

九月二十一日，五月天擔任周思齊引退賽後演唱嘉賓。

九月二十二日，The Last Together周思齊引退主題週活動，創下大巨蛋連續兩天滿場（共八萬人）紀錄。

兄弟飯店舊宿舍牆面的隊訓。

1988年，兄弟大飯店董事長、職業棒球推動委員會執行祕書長洪騰勝，親自上陣比賽。（聯合報提供）

1990年，龍潭球場的室內球場。（聯合報提供）

職棒元年（1990年）開幕典禮在台北市立棒球場舉行，中華職棒聯盟會長唐盼盼致詞。（聯合報提供）

1994年，隊史第一次三連霸的紀念幣。（周思齊提供）

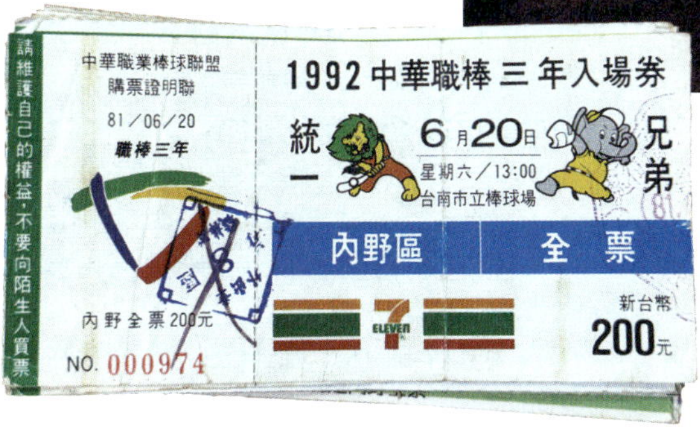

1992年，職棒三年時的入場門票。（周思齊提供）

2009年初到兄弟象的我，在龍潭棒球場春訓。（游智勝提供）

2010年的封王時刻，滿場黃彩帶。（游智勝提供）

中信接手後的第一次春訓，由我擔任當年度隊長。（李鴻明提供）

2021年在台南封王，擺脫亞軍魔咒。（王建鑫提供）

Brothers
16
SKECHERS

2021年總冠軍賽第二場，擊出全壘打。（王建鑫提供）

2022年，中信兄弟在洲際棒球場拋彩帶慶祝年度總冠軍，完成二連霸。（中信兄弟提供）

2022年拿下總冠軍，在台中進行
封王遊行。（李鴻明提供）

雖然象圈圈的習慣並沒有執行太久，但在2024年9月22日我的引退賽時，球隊安排了象圈圈儀式，代表象圈圈這幾年對學弟們的意義重大。（王建鑫提供）

球迷組織「阿扁親衛隊」及「兄弟三劍客」都有專屬隊服。（周思齊提供）

光輝組當年有專屬的球衣，還有通訊錄等完整的組織資料。（許成隆提供）

最早的球迷組織之一——光輝組合影。（許成隆提供）

球迷在場邊揮舞激動組的會旗。
（方怡中提供）

球迷收藏的激動組法披與自製的專屬T恤。（周思齊提供）

兄弟三劍客球迷會的會旗，左為新竹區，右為南區。（方怡中提供）

2013年4月，M@CHI幫慶祝十週年，在天母球場掛上各區會旗。（麻吉幫提供）

M@CHI幫應援時的造型獨特有趣。（曹之翰提供）

1992年5月1日，兄弟象對戰味全龍時，場邊有應援標語「四海之內皆兄弟」。（聯合報提供）

2015年的主題日活動——鄉民日，獲得不少好評。（游智勝提供）

鄉民應援曲的作者warhsu與我。（周思齊提供）

熱鬧的主題日活動，2015年的主題日——涼水季，場邊球迷和啦啦隊女孩都玩嗨了。（游智勝提供）

SKECHERS

職棒球場邊拋出彩帶的第一個隊伍就是兄弟！照片中是在2022年拿下總冠軍，完成二連霸的時刻。（游智勝提供）

1992年，龍太企業與陳義信簽約合作，並派啦啦隊專門為陳義信比賽時助陣。（聯合報提供）

1993年11月20日中日職棒國際邀請賽，場邊是雅姿啦啦隊在賣力應援。（聯合報提供）

職棒元年開幕賽開打前，四隊的吉祥物到百貨公司與民眾互動。（聯合報提供）

傑米吉祥物一家。（鄒政崴提供）

中信兄弟接手兄弟象後，吉祥物主角改為小翔與艾比，傑米引退。（鄒政崴提供）

大象會的旗子。（方怡中提供）

球迷最喜歡的兄弟雜誌，內容相當豐富精采。（周思齊提供）

大象會琳瑯滿目的會員卡與贈品。（方怡中提供）

大象會的專屬雙週刊《象報》。（方怡中提供）

兄弟象曾推出過公共電話卡供球迷收藏，是年輕世代沒見過的周邊產品。（周思齊提供）

第一屆棒球小說獎出版品及《象報》的宣傳廣告。（周思齊提供）

兄弟也曾踏入唱片圈，此照片中有是娟的專輯及當年和李居明在《兄弟》雜誌的宣傳封面，陳德容也曾在兄弟發行過唱片。（周思齊提供）

國家圖書館出版品預行編目(CIP)資料

兄弟上場：走過40的黃潮歲月,你我一起的進取之路/周思齊著.
-- 初版. -- 臺北市 : 遠流出版事業股份有限公司, 2024.11
面； 公分
ISBN 978-626-361-980-7(平裝)

1.CST: 職業棒球 2.CST: 歷史 3.CST: 臺灣
528.955 113015113

兄弟上場

走過40的黃潮歲月，你我一起的進取之路

作者／周思齊

主編／林孜懃
封面設計／謝佳穎
內頁設計排版／陳春惠
行銷企劃／鍾曼靈
出版一部總編輯暨總監／王明雪

發行人／王榮文
出版發行／遠流出版事業股份有限公司
地址／104005台北市中山北路一段11號13樓
電話／（02）2571-0297 傳真／（02）2571-0197 郵撥／0189456-1
著作權顧問／蕭雄淋律師
□2024年11月1日 初版一刷
□2024年11月5日 初版二刷

定價／新台幣450元（缺頁或破損的書，請寄回更換）

ISBN 978-626-361-980-7

YL 遠流博識網 http://www.ylib.com E-mail: ylib@ylib.com